原本解説

牧民心書
（목민심서）

丁若鏞著／李哲漢 編譯

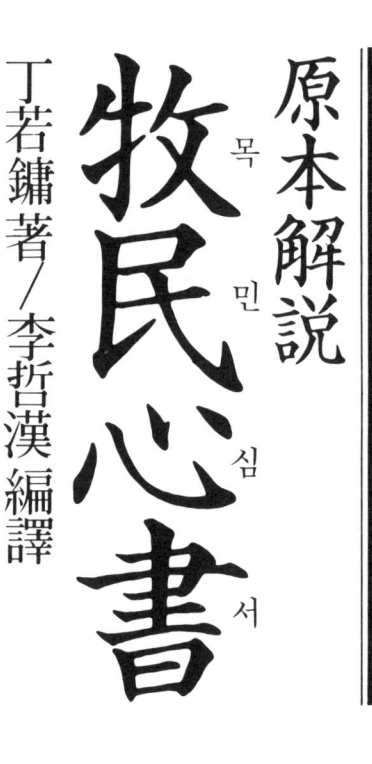

● "목민심서（牧民心書）"

고금（古今）의 여러 책에서 지방 장관의
사적을 가려 뽑아 치민（治民）에 대한
도리（道理）를 논술한 책. 48권 16책. 조선
정조 때의 문신·학자 다산（茶山）
정약용（丁若鏞）의 저서.
저자의 《경세유표（經世遺表）》가
정부기구의 제도적（制度的）개혁론을 편
것이라면 이 책은 지방 관헌의
윤리적（倫理的）각성과 농민경제의
정상화 문제를 다룬 것이다. 이 책은
저자가 순조 때 천주교（天主教）박해로
전라도 강진（康津）으로 귀양가 있는 동안
저술한 것으로 우리 나라와 중국의
역사서를 비롯하여 여러 책에서 자료를
뽑아 수록하여 지방 관리들의 폐해를
제거하고 지방행정을 쇄신코자 한 것이다.

부임육조(赴任六條)

제배(除拜)

他官可求나 牧民之官은 不可求也니라
타관가구 목민지관 불가구야

해설 다른 벼슬은 구해도 좋으나 목민관만은 구해서는 안 된다. 즉, 수령은 만민의 우두머리이다. 덕이 있어도 위엄이 없고 뜻은 있어도 분명치가 못하니, 자연히 그 직책에 충실할 수가 없다. 이런 중책은 자기 스스로 구해서 맡을 것이 못 된다는 뜻이다.

㉡ 제배 : 임관 발령을 받는 것.

목민관 : 백성을 기르는 관원, 즉 수령, 부윤, 목사, 부사, 군수 등의 총칭.

除拜之初에 財不可濫施也라
제배지초 재불가람시야

해설 제배된 직후에 재물을 함부로 써서는 안 된다. 즉, 수령이 임관 사령을 받고 대궐을 물러나오려 하면 대궐 안의 잡배들이 행하를 내라고 강요한다. 행하를 내게 되면 필경 백성들의 고혈을 짜게 될 것이므로 이는 크게 어긋나는 일이라는 뜻이다.

邸報下送之初_{저보하송지초}에는其可省弊者_{기가생폐자}는 省之_{생지}니라

해설 경저에서 저보를 내려보낼 때 폐해가 될 만한 일은 생략하도록 해야 한다.
즉, 신임 수령을 환영하는 예절로는 선물을 올리고, 관청을 수리하고, 기치를 들고 영접하고, 풍헌・약정
이 문안드리는 등의 일이 있다. 이들 중에서 폐단이 될 만한 것은 생략해야 한다는 뜻이다.
[주] 저보::경저에서 고을에 보내는 연락 문서.

新迎刷馬之錢_{신영쇄마지전}은 旣受公賜_{기수공사}인데 又收民賦_{우수민부}면 是匿君之_{시닉군지}
惠而掠民財_{혜이략민재}니 不可爲也_{불가위야}라

해설 신영 때의 쇄마전은 이미 관에서 주고 있는데 또 백성들에게서 거두어들인다면 이는 임금의 은혜를 숨
기고 백성의 재물을 약탈하는 일이 되므로 해서는 안 된다.
즉, 부임 여비인 쇄마전은 처음에는 쌀로 지급되었다. 그러나 후에 향청에서는 이 명칭을 빙자해서 백성들
로부터 여비를 강징하였다. 이는 막대한 폐해이므로 목민관은 마땅히 비용을 최소한으로 줄여서 백성들의 부
담을 줄여야 한다는 뜻이다.
[주] 신영::새로 부임하는 수령을 맞이한다는 뜻.
쇄마전::말을 세내어 타고 가라는 뜻에서 나온 부임 여비를 말함.

治裝에는 其衣服鞍馬는 並因其舊요 不可新也니라

_{치 장 기 의 복 안 마 병 인 기 구 불 가 신 야}

해설 행장을 차릴 때 의복·안장·말은 모두 쓰던 것을 그대로 써야지 새것을 마련하지 말아야 한다. 즉, 수령으로 나가는 사람은 반드시 경관직을 거쳐서 나가게 마련이니 의복이나 안장이나 말 따위는 대략 준비되어 있을 것이니 그것을 그대로 쓰면 좋지 않겠는가. 검소해야 청렴할 수 있고 청렴해야 백성을 사랑하는 목민관이 된다는 뜻이다.

註 치장 : 행장을 차리는 것.

同行者는 不可多니라

_{동 행 자 불 가 다}

해설 수행하는 사람은 많아서는 안 된다. 즉, 청지기는 관부의 좀벌레와 같은 것이므로 데리고 가서는 안 된다. 또 책객을 데리고 가서 회계를 맡기는 습관이 있으나 제도에 없는 것이다. 자제 한 사람과 부인, 계집종 한 명만 데리고 가면 된다는 뜻이다.

사조(辭朝)

歷辭公卿臺諫에는 宜自引材器不稱이요 俸之厚薄을 不可言也니라

_{역 사 공 경 대 간 의 자 인 재 기 불 칭 봉 지 후 박 불 가 언 야}

해설 공경과 대간에게 부임인사를 드릴 때에는 마땅히 자신의 부족함을 말할 것이지 녹봉의 많고 적음을 말

7

해서는 안 된다.

즉, 비록 수령의 봉록이 박하다 해도 백성들의 고통을 먼저 생각함이 수령의 본분이라는 뜻이다.

註 공경 : 정2품 이상의 벼슬.
대간 : 대신과 간관.

新迎吏隷至어든 其接之也에 宜莊和簡默하라이니
(신영리예지야 기접지야 의장화간묵)

해설 신영 때 아전과 하례가 오면 그들을 대함에 있어 마땅히 장중·온화하며 간결·과묵해야 한다.

즉, 신임 수령을 맞으러 나온 아전의 주머니 속에는 언제나 조그만 책이 들어 있다. 그것을 운용하는 방법이 열거되어 있다. 아전이 그것을 올리거든 아무 말 없이 돌려 주어야 한다는 뜻이다.

註 이예 : 고을에 속해 있는 아전과 하인.

辭陛出門에는 慨然以酬民望하며 報君恩을 設于內心하라
(사폐출문 개연이수민망 보군은 설우내심)

해설 임금에게 하직하고 대궐 문을 나서게 되면 개연히 백성들의 소망에 수응하고 임금의 은혜에 보답할 것을 마음속으로 다짐해야 한다.

즉, 수령으로서 염두에 두어야 할 일은 농사·양잠이 잘되고, 호구가 늘고, 학교가 세워지고, 군정을 잘 다스리고, 부역을 균등하게 하고 송사를 잘 처리하고 간활한 무리가 없도록 하고 이를 조금도 소홀함이 없도록 다짐해야 한다는 뜻이다.

계행(啓行)

8

啓行在路에는 亦唯莊和簡默하여 似不能言者니라

해설 부임길에 올라서도 또한 장중하고 부드럽고 간결하고 과묵하여 마치 말을 못하는 사람처럼 해야 한다.

즉, 수령이 부임길을 떠날 때에는 아침에 일찍 떠나고 저녁에는 일찍 쉴 수 있도록 하며, 수령의 행차에 위세를 높이기 위한 요란한 행동을 삼가한다. 또 행차시 필요한 수행 인원이나 재정 등은 되도록 줄여 민폐를 끼치는 일이 없도록 하고 수행 아전들은 관대함을 갖고 대해야 한다는 뜻이다.

㊟ 계행: 길을 떠남

歷入官府하야 宜從先至者하야 熟講治理로 不可諧謔竟夕니라

해설 관부를 두루 방문하여 마땅히 그 고을의 수령으로 먼저 와 있는 자로부터 백성을 다스리는 도리를 귀담아 들을 것이며 농지거리로 밤을 보내서는 안된다.

즉, 부임지에 해당하는 도에 들어서면 그곳의 수령들은 모두 동료로서의 우의가 있으니 몸소 방문하는 것이 옳으며 그대로 지나치는 오만함을 가져서는 안된다. 더구나 그들은 먼저 와 있었기 때문에 그곳 사정에 밝으니 들어서 참고할 것이니 따라서 그들에게 백성을 다스리는 데 도움이 될 만한 것들을 물어보는 자세를 가져야 한다는 뜻이다.

㊟ 해학: 요즘은 「익살스럽고 품위있는 농담」이라는 뜻으로 쓰이는데 여기선 「쓸데없는 말장난」이라는 뜻으로 쓰였음.

상관(上官)

9

上官^{상관}에는 不^불須^수擇^택日^일이니 雨^우則^즉待^대晴^청이 可^가也^야니라

해설 임지에 도착하는 날을 반드시 택일할 필요는 없다. 다만 비가 올 시는 날이 개기를 기다려 도임함이 좋을 것이다. 즉, 날을 가려서 도임하면 징험이 있다는 속설에 따라 임지 경계에서 여러 날을 지체하는 수령들이 있는데 이는 수행 아전들의 비웃음이나 살 어리석은 행동이니 불가피한 날씨 탓 아니면 도임하라는 뜻이다.

參 상관 : 관부에 도임하는 것을 말함.

乃^내上官^{상관}하야 受^수官^관屬^속參^참謁^알하나니라

해설 도임하게 되면 관속들의 인사를 받는다. 즉, 도임지의 읍에 들어서면 임금이 계신 대궐을 향해 예를 드리는 망궐례를 행한 뒤 곧 관아에 나아가고 을 벼슬아치들의 인사를 받게 된다는 것이다.

參 참알 : 상관을 찾아 뵙는 것

厥^궐明^명에 謁^알聖^성于^우鄕^향校^교하고 遂^수適^적社^사稷^직壇^단하야 奉^봉審^심唯^유謹^근이니

해설 그 이튿날 향교에 가서 알성하고 이어 사직단에 가서 삼가는 마음으로 봉심한다. 즉, 도임한 그 이튿날은 먼동이 트기 전에 일어나 횃불을 들고 가서 향교의 대성전(공자의 위패를 모셔놓은 곳)에 참배하고 이어 사직단으로 가서 봉심을 해야 하는데 이때 한 고을의 신으로서는 사직이 가장 존엄한 것이므로 수령들은 정성을 들여 봉심해야 한다는 것이다.

궐명 : 그 이튿날
알성 : 성인을 뵙는다는 뜻으로 여기서는 참배하는 것을 말함.
사직단 : 「사」는 토지의 신, 「직」은 곡식의 신이며 이 두 신을 제사지내는 단을 말함.

이사(莅事)

厥明開坐하고 乃莅官事라
궐명개좌 내리관사

注 리：일에 임한다는 말로, 여기서는 사무를 처리한다는 뜻으로 쓰였음.

해설 그 이튿날 새벽에 자리를 펴고 공무에 임한다.
즉, 처음 시무하는 날에는 수령이 자리를 정하고 집무해야 한다는 것이다.

是日에 發令於士民하야 詢瘼求言이니
시일 발령어사민 순막구언

注 순막：민폐나 여러 가지 폐단이 되는 일 들을 묻는 것임.

해설 이날 선비와 일반 백성들에게 영을 내려서 마을에서의 병폐를 묻고 여론을 수집하도록 한다.
즉, 관내의 선비들이나 백성들에게 통첩을 내려서 기한을 정해놓고 고을에 내려오는 폐단이나 새로운 병폐들을 적어내도록 하는 한편, 폐단 없애는 방법 등도 제출토록 하여 그것을 기초로 잘못된 것들을 바로잡도록 하라는 뜻이다.

是日에 發令以數件事로 與民約束로 遂於外門之楔
시일 발령이수건사 여민약속 수어외문지설

11

에 特懸一鼓(특현일고)라

해설 이날 명령을 내려 몇 가지 일을 백성들과 약속하되 바깥 문설주에 특히 북 한 개를 달아놓도록 하라.

즉, 백성들이 소장을 올리고는 싶으나 수령에게 그것이 올라가기 전에 중간의 아전이나 군교들이 농간을 부려 화를 입게 됨을 우려하여 기피하는 것을 막고, 중간에서 아전이나 군교들이 농간을 부렸을 경우를 대비해 직접 수령에게 백성들이 하소연할 수 있도록 배려해야 한다는 것이다.

是日(시일)에 刻木印幾顆(각목인기과)하야 頒于諸鄕(반우제향)이니라

해설 이날 나무 인장 몇 개를 새겨서 여러 마을에 나누어 주도록 한다.

즉, 향촌의 풍헌이나 약정들은 인신이 없어 보고서는 중간에서 허위로 조작되는 경우가 많으므로 시무하는 첫날로 여러 향리에게 그 향리의 이름을 새긴 목각 인장을 만들어 주어 관에 올리는 문서에는 반드시 날인하도록 하여 중간에서 위조되는 폐단이 없도록 해야 한다는 뜻이다.

官事有期(관사유기)니 期之不信(기지불신)이면 民乃玩令(민내완령)이니 期不可不信也(기불가불신야)라

해설 관청의 일에는 기한이 있는데 기한이 신뢰성이 없으면 드디어 백성들이 법령을 가볍게 여길 것이므로 기한은 신뢰할 수 있게 지켜지지 않으면 안 된다.

즉, 관청의 일에는 반드시 기한이 있어야 하며 그 기한을 엄수해서 백성들에게 보여야 한다. 만일 기한이 지켜지지 않는다면 백성들이 관을 믿지 않게 되어 모든 일에 차질이 생기게 되고 관의 위선도 떨어져 다음번에 명령을 내려도 백성은 그것을 따르지 않게 된다는 뜻이다.

㈜ 완령 : 법령을 우롱한다는 뜻으로 법령을 따르지 않음을 말함.

율기 육조(律己六條)

칙궁(飭躬)

興居有節하며 冠帶整飭하고 莅民以莊은 古之道也니라

해설 일어나고 앉는 것에 절도가 있으며 갓과 띠의 차림은 단정하고, 백성을 대할 때에 장중한 태도를 취하는 것은 옛사람의 도이다.

즉, 날이 밝기 전에 일어나 의관을 정제하고 그날 할 일을 차분히 생각하여 공정한 원칙에 따라 일의 선후를 구별·결정짓고, 의관도 공무집행이나 큰 의식 등에 따라 정해진 대로 갖추며, 몸가짐을 장중하게 함으로써 목민관으로의 위엄을 갖추어야 한다는 뜻이다.

주 칙궁 : 몸을 단속하는 것을 말함.

흥거 : 기거하는 것을 말함.

이민 : 백성을 대하는 것을 말함.

母多言하며 母暴怒니라

해설 말을 많이 하지 말 것이며 사납게 성내지 말아야 한다.

즉、웃사람의 행동은 그 일거일동을 아랫사람이 귀신같이 살피므로 사소한 일까지도 관청 밖을 벗어나 그 소문이 퍼지게 된다. 따라서 말이 적을수록 아랫사람들은 어렵게 생각하게 되며 위신을 잃지 않게 된다. 수령들이 간혹 위엄을 세우려고 사납게 화내는 경우가 있는데 그것은, 일시적인 효과만 있을 뿐 반복되면 체통만 잃게 되니 화내는 일은 목민관으로서는 삼가 해야 할 일이라는 뜻이다.

御下以寬이면 民罔不順이라 故로 孔子曰하되 居上不寬하고
爲禮不敬이면 吾何以觀之하여라 又曰로 寬則得衆이리

(어하이관 / 민망불순 / 고 / 공자왈 / 거상불관 / 위례불경 / 오하이관지 / 우왈 / 관즉득중)

주

해설 아랫사람을 다스릴 때 너그럽게 하면 순종하지 않는 자가 없다. 그러므로 공자가 말하기를 「윗자리에 있으면서 너그럽지 못하고、예를 행함에 있어 공경함이 없으면 내가 그에게서 무엇을 보랴」또한 말하기를 「너그러우면 많은 사람을 얻는다」고 했다.

즉、웃사람은 아랫사람을 너그러움을 가지고 이끌어나가야 하며、그래야만 아랫사람이 은혜롭게 생각하여 진심으로 공경하며 따르게 된다는 뜻이다.

예로부터 너그럽고 어진 이는 많은 사람의 지지를 얻어 공을 이루고 좋게 되나、편협하고 독선적인 자는 인심을 잃어서 일에 실패하고 불행한 처지에 이르게 되었음을 상기케 해준다.

어하 : 아랫사람을 다스리는 것을 말함.

위례불경 : 예를 행함에 있어 공경하지 않음을 가리킴.

官府體貌는 務在嚴肅이니 坐側不可有他人이니

(관부체모 / 무재엄숙 / 좌측불가유타인)

해설 관부는 체면과 위신을 지키기 위해 엄숙함에 힘써야 하므로 수령의 곁에 딴사람이 있어서는 안된다.

즉、목민관의 위치는 존엄한 것이며 그 존엄은 예를 갖추는 모습에서부터 비롯되어야 하니 비루하거나 남발한 자、예의를 차리지 않은 옷을 입은 자 등을 가까이 세워서는 안된다는 뜻이다.

君子는 不重則不威니 爲民上者는 不可不持重라이니

해설 군자가 무게가 없으면 위엄이 없으니 백성의 웃사람이 된 자는 무게 있게 처신하지 않으면 안된다. 즉, 〈논어〉에 나오는 「군자는 무겁지 않으면 위엄이 없다」 말처럼 사람이란 행동에 무게가 있을 때 위엄이 서는 것이니 만백성의 웃사람이 되는 수령도 이점에 더욱 신경을 써서 웃사람의 「위엄」이 행동 속에서 드러나게 노력해야 한다는 뜻이다.

㈜ 지중:무거운 태도를 갖는다는 것으로 몸가짐의 처신을 신중히 함을 의미함.

斷酒絶色하며 屏去聲樂하며 齊速端嚴하며 如承大祭하며 罔

敢游豫하야 以荒以逸하라이니

해설 술을 끊고 여색을 끊으며 소리와 풍류를 물리치고, 공손하고 단정하며 엄숙하기를 큰 제사를 받들 듯 해야 하며 감히 놀고 즐기는 것에 빠져 정사를 어지럽히며 시간을 헛되이 보내는 일이 없도록 하라.

즉, 목민관은 언제나 주색을 멀리하고 향연을 삼가며 두려운 마음과 엄정한 자세로 정사를 빈틈없이 처리해 나가야 한다는 뜻이다.

㈜ 제속단엄:공손하고 단정하며 엄숙한 것.
황:정사가 거칠다는 뜻으로 정사를 제대로 돌보지 않음을 가리킴.

燕游般樂은 匪民攸悦이니 莫如端居而不動也니라

해설 한가하게 놀며 크게 즐기는 것을 백성들은 좋아하지 않는다. 단정하게 앉아서 움직이지 않는 것만 같

图
지 못하다.
연유 : 한가하게 놀다.
반락 : 크게 즐기다.

治理旣成이오 衆心旣樂이면 風流賁飾하야 與民皆樂도 亦
前輩之盛事也니라

해설　백성 다스리는 일도 이미 이루어지고 백성들의 마음도 이미 즐겁게 된뒤라면 풍류를 크게 마련해서 백성들과 함께 즐기는 것은 또한 선배들이 하던 훌륭한 일이다.

즉, 목민관이 어진 정사를 행하여 모든 백성들이 잘살게 된뒤라면 풍류를 마련해서 백성들과 함께 즐기는 것 또한 좋고 아름다운 일이 된다는 것이다.

图 분식 : 꾸민다는 것으로, 여기서는 풍류를
전배 : 선배 즉, 옛사람을 말함. 마련함을 의미함.

公事有暇면 必凝神靜慮하야 思量安民之策하며 至誠求
善이니

해설　공사에 여가가 있으면 반드시 정신을 집중하고 생각을 고요하게 하여 백성을 편안하게 할 방책을 생각하며 지성을 다해 최선의 방도를 찾아야 한다.

즉, 공사를 해결하고 조금이라도 한가해진 때에는 백성을 편안히 해 줄 수 있는 방책을 연구하며 어진 정사를 베푸는 데에도 정력을 기울여야 한다는 것이다.

16

政堂有讀書聲이면 斯可謂之清士也니라

해설: 정당에서 글 읽는 소리가 난다면 그는 청렴한 선비라고 말할 수 있을 것이다. 즉, 공사를 해결하고 여유가 있을 때에는 독서를 함으로써 어진 정치를 할 수 있는 을 높일 수 있으며 이러함을 실천하는 사람이야말로 목민관의 자격이 있다는 것이다.

참고자료를 얻고 교양

若夫哦詩賭棋하야 委政下吏者는 大不可也니라

해설: 만일 시나 읊고 바둑이나 두면서 정사는 아전들에게 내맡긴다면 크게 잘못된 일이다. 즉, 수령이 정사는 관속들에게나 맡기고 자신은 시나 짓고 바둑이나 두면서 소일하면 정사가 엉망이 되어 백성이 고통을 받게 되니 그런 일이 없도록 하라는 것이다.

청심(清心)

廉者는 牧之本務이며 萬善之源이며 諸德之根이니 不廉而

能牧者는 未之有也니라

해설 청렴이란 것은 목민관의 본연의 의무이며 모든 선정의 근원이고 모든 덕행의 뿌리이다. 청렴하지 않고 서 목민을 할 수 있었던 자는 일찍이 없었다. 즉, 벼슬아치들은 무엇보다도 청렴을 본분으로 삼아야 한다. 목민관이 된 사람은 더욱 그렇다. 목민관이 재 물만을 탐하고 청렴해야 하는 본분을 지키지 않는다면 어진 정치를 베풀어서 백성들을 잘 살게 할 수 없다. 그리하여 예부터 지극히 청렴한 관리를 선정해서 「청백리」라는 명예를 주어 표창하기도 했던 것이니 목민관 이 된 자는 청렴하도록 힘쓰라는 것이다.

圄 능목자‥백성을 다스릴 수 있는 사람을 말함.

廉者는 天下之大賈也라 故로 大貪必廉이니 人之所以

不廉者는 其智短也니라

해설 청렴하다는 것은 천하의 큰 장사이다. 그런 까닭에 크게 탐하는 자는 반드시 청렴한 것이니, 사람들이 청렴하지 못한 것은 그 지혜가 모자라기 때문이다. 즉, 재물은 모두가 크게 탐욕하는 바이지만 탐욕하는 것과 재물보다도 더한 것이 있기 때문에 이를 버리고 취하지 않는 경우가 있다. 그것은 지혜가 원대하고 생각이 깊은 자가 탐하는 욕심으로 청백리가 되어서 크게 영달할 터전을 닦는 것이다.

故로 自古以來로 凡智深之士는 無不以廉爲訓以貪

해설 … 반면에 지혜가 짧고 생각이 얕은 자는 변변치 않은 재물을 탐해서 몸을 망치는 경우가 많다는 것이다.

爲戒하나니라 (위계)

해설 그런 까닭에 예부터 무릇 지모가 깊은 자는 청렴한 것을 교훈으로 삼고 탐욕을 경계하지 않은 이가 없었다.

즉, 옛날부터 지혜가 원대하고 생각이 깊은 자는 청렴을 숭상하고 탐욕을 경계한다는 것이다.

㈜ 이탐위계∷탐욕으로써 경계를 삼는다는 뜻으로 탐욕을 경계했다는 것임.

不唯剝民膏髓는 乃爲貪也이니 凡有饋遺면 悉不可納이라
(불유박민고수) (내위탐야) (범유궤유) (실불가납)

해설 오직 백성의 고혈을 빨아먹는 자만이 탐관은 아니다. 무릇 선물로 보내온 것들도 받아서는 안된다.

즉, 아전·군교 등이 바치는 음식이나 물품 등도 결국은 백성들의 돈을 거두어서 만들어진 것이니 이런 것들도 받지 말라는 것이다.

所貴乎廉吏者는 其所過山林泉石도 悉被淸光하나니라
(소귀호렴리자) (기소과산림천석) (실피청광)

해설 청렴한 벼슬아치를 귀히 여기는 것은 그가 지나가는 곳은 산림이나 천석도 모두 맑은 빛을 받게 되기 때문이다.

즉, 목민관이 청렴하면 그 고을의 백성들만 그 은혜를 입는 것이 아니라 산림이나 천석 같은 자연물까지도 그 맑은 빛에 젖게 된다는 것이다.

㈜ 소귀호렴리∷청렴한 관리를 귀히 여김.

凡珍物요 産本邑者면 必爲邑弊니 不以一杖歸라야 斯
可曰로대 廉者也니라

해설 무릇 진기한 물품이 본읍에서 생산되면 반드시 고을의 폐단이 되는 것이니 하나라도 가지고 돌아가지 않아야만 청렴하다고 말할 수 있다.
즉, 고을에서 진귀한 물건이 생산될 경우 상부관청의 요구나 수령 자신의 탐욕에 의해 백성들에게 더 큰 부담을 지우는 폐단을 일으키는 데 청렴한 수령은 결코 상사에게 아첨한다든지 물건을 탐내는 일이 없고 임기가 다 되어 떠날 때라 해도 그 지방의 토산물을 행장 속에 꾸려넣는 일이 절대 없다는 것이다.

图 읍폐…고을의 폐단.
장귀…가지고 돌아가는 것.

若夫矯激之行이나 刻迫之政은 不近人情이니 君子所黜
하고 非所取也니라

해설 과격한 행동이나 각박한 정사는 인정에 가깝지 않아서 군자는 물리치는 바이므로 취할 바가 아니다.
즉, 목민관은 너그러움으로써 백성을 대해야 하며 어진 정치를 베풀어야 한다는 것이다.

图 교격…과격한 것을 말함.
출…물리치는 것을 뜻함.

凡買取民物에는 其官式太輕者는 宜以時直取之니라

해설 무릇 민간의 물품을 사들임에 있어서 관에서 정한 값이 너무 헐한것은 마땅히 시가대로 사들여야 한다. 즉, 관에서 정한 값은 한 번 정하여지면 백 년이 되어도 고치지 않으니 시세에 맞을 리가 없다. 때문에 관식이 시세에 비해서 너무 낮으면 그것을 사들여야 하는 아전이 괴로움을 당하게 되고 백성들이 손해를 입게 된다. 그러므로 해마다 춘분과 추분 두 시기로 나누어서 모든 관용 물품의 매상가격을 시가에 따라 개정함으로써 이러한 잘못을 시정해야 한다는 것이다.

註 관식:관청에서 정한 가격, 즉 공정가격을 말함.

凡謬例之沿襲者는 刻意矯革이니 或其難革者는 我則 勿犯니라

해설 무릇 그릇된 관례가 전해 내려오는 것은 애써 바로잡아 고쳐야 하고, 간혹 고치기 어려운 것은 자신만이라도 그 잘못을 범하지 말아야 한다. 즉, 예부터 전하여 내려오는 그릇된 관례는 이를 과감히 고쳐야 한다. 만일 고치기가 어려운 것이 있다면 자신만이라도 그 잘못을 저지르지 않도록 해야 한다는 것이다.

凡布帛貿入者는 宜有印帖이니라

註 유례:그릇된 관례.
연습:전해져 내려오는 것.

21

해설 무릇 관에서 쓰는 포목이나 비단을 사들이는 자는 반드시 인첩을 갖도록 한다. 즉, 아전이나 관노가 관용품을 사들일 때는 관수물자임을 빙자로 싼값으로 강제로 사거나 혹은 사사로이 사들이고 몰래 값을 깎는 경우가 있어 상인들에게 손해를 주게 되니 이것을 막기 위해서 반드시 관인이 찍혀 있는 통장을 만들어 놓고 그 거래를 명확하게 하여야 한다는 것이다.

⊠ 인첩∶ 관의 도장이 찍혀 있는 통장.

雖百工具備라도而絶無製造者라야廉士之府也니라
수백공구비 이절무제조자 염사지부야

해설 비록 온갖 기술자가 관아에 소속되어 있을지라도 절대로 사사로운 용품을 제조하지 말아야 청렴한 선비의 관부인 것이다.

즉, 관에 소속된 기술자를 기용하여 수령 자신의 용품을 제조하는 것은 남의 비웃음을 받을 뿐이며 그것을 본가인 서울까지 올려보낼 경우 비용을 따지면 도리가 손해가 되는 어리석은 처사가 되는 것이다.

凡日用之簿는 不宜注目이니署尾如流니라
범일용지부 불의주목 서미여류

해설 무릇 일상생활의 용품에 해당되는 지출 장부는 깊이 따지고 들여다보아서는 안되고 빨리 끝에서 서명하되 물흐르듯 해야 한다.

즉, 학궁이나 여러 창고의 경비는 마땅히 자세히 살펴봐야 하지만 주방의 아전이나 현사의 경비는 깊이 따지지 말고 급히 승인하는 서명을 해야 한다.

⊠ 서미∶ 끝부분에 수결을 두는 것.

牧之生朝에는 吏校諸廳이 或進殷饌이라도 不可受也니라
목지생조 이교제청 혹진은찬 불가수야

해설 목민관의 생일날 아침에는 이교제청에서 혹 성찬을 올리더라도 받아서는 안된다.

즉, 수령의 생일을 축하한다고 해서 아전·군교들이 특별한 음식이나 물품을 올리는 것이니 백성들의 원한이 서려 있는 것이므로 이런 물건들을 절대로 받아서는 안된다는 것이다.

주 이교제청: 아전이나 군교의 제청을 말함.

凡有所捨라도 母聲言하며 母德色하며 母以語人하며 母說前
人過失이니

해설 무릇 남에게 희사하는 일이 있을지라도 드러내어 말하지 말 것이며, 남에게 자랑하지도 말 것이며, 앞사람의 허물을 말하지 말 것이다.

즉, 청렴한 사람이 봉록의 물품을 내놓아 백성을 돕는 것은 좋은 일이나 그것을 자랑삼아 생색을 내며 스스로 선정을 베풀었다고 자랑해서는 안된다는 말이다.

주 성언: 크게 소리내어 말한다는 것으로 자랑하는 것을 이름.
덕색: 생색내는 것을 말함.

廉者寡恩이면 人則病之하나 躬自厚而薄責於人이면 斯可
也니라 干囑不行焉이면 可謂廉矣라

해설 청렴한 자가 은혜로운 마음이 적으니 사람들은 이를 병통으로 생각한다. 모든 책임은 자신에게로 돌리고, 남에게 책하는 일이 적으면 된다. 청탁이 행해지지 않는다면 청렴하다고 말할 수 있을 것이다.

즉, 청렴한 목민관은 시비를 가리고 잘못을 다스리는 것이 엄정하기 때문에 자칫 인정에 박해져 백성들이 이를 평통으로 생각하는 경우가 있으니 어디까지나 자기를 책할 때에는 심하게 하고 아랫사람들은 관대하고 너그럽게 대해주는 자세를 가지면 된다는 말이다.

[註] 궁자후 : 모든 책임을 자신에게로 돌리는 것을 뜻함.

간촉 : 청탁을 이름.

貨賂之行에 誰不秘客이리요 中夜所行은 朝已昌矣니이다

해설 뇌물을 주고받는 일을 어느 누가 비밀히 하지 않겠느냐만 밤중에 한 일일지라도 아침이면 이미 드러나기 십상인 것이다.

즉, 무슨 일이고 비밀로 해두면 남에게 알려지지 않을 것이라고 생각한다면 큰 잘못이니 그런 잘못된 생각을 갖고 탐욕에 찬 일을 저지르면 안된다는 것이다.

제가(齊家)

修身而後齊家하고 齊家而後治國은 天下之通義也니

欲治其邑者는 先齊其家니라

해설 자기 몸을 닦은 뒤에야 집안을 바로 이끌어갈 수 있고, 그런 후에야 나라를 다스린다는 것은 천하에 통하는 이치이니 그 고을을 잘 다스리려는 자는 먼저 자신의 집안을 잘 이끌어가야 한다.

즉, 「수신 제가 치국 평천하」라는 말이 있듯이 목민관이 된 자가 그 고을을 잘 다스리려면 먼저 자신의 집을 잘 이끌어나가는 것이 선무인 것이라는 뜻이다.

주 제가 : 집안을 바르게 통제하는 것을 말함.

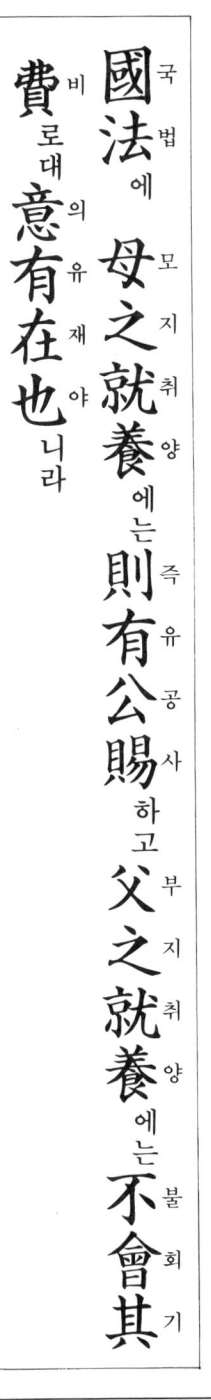

國法에 母之就養(모지취양)에는 則有公賜(즉유공사)하고 父之就養(부지취양)에는 不會其(불회기)
費(비)로대 意有在也(의유재야)니라

해설: 국법에 어머니를 모시고 가서 봉양을 받을 때에는 국비를 지급하고, 아버지의 봉양에는 그 비용을 지급하지 않는데 거기에는 이유가 있는 것이다.

즉, 국법에 어머니가 아들의 임소에 따라가서 봉양을 받을 때에는 나라에서 그 비용을 지급하는데 아버지가 따라가서 봉양을 받을 때에는 아무런 지급도 하지 않았는데 여기에는 나름대로의 이유가 있음을 감안한 것이다.

그것은 아버지가 임소에 같이 있게 되면 모든 일에 간섭해서 행정에 지장을 가져올 여지가 있기 때문에 그것으로 보이며 이때에는 아버지는 되도록이면 아들의 임소에 따라가지 않는 것이 일반적인 예에 들었다.

취양 : 아들의 임소에 따라가서 봉양을 받는 것을 말함.

嚴內外之別(엄내외지별)하고 明公私之界(명공사지계)하고 立法申禁(입법신금)하고 宜如雷如(의여뢰여)
霜(상)이니라

해설: 안과 밖의 구별을 엄격하게 하고 공과 사를 분명히 하여 법으로써 신칙하고 금지하기를 마땅히 천둥처럼 두렵게 하고 서리처럼 싸늘하게 해야 한다.

즉, 규문이 엄정하지 못하면 집안의 법도가 문란해지는 법인데 더구나 관청에 있어서는 더 말할 여지가 없다.

따라서 규문을 엄격하게 신칙하고 금해서 기강을 바로잡아야 한다는 뜻이다.

주 신금 : 신칙하고 단속하는 것을 이름.

干謁不行然後에 家法嚴하고 家法嚴而後에 政令淸이니라

해설: 사사로운 일로 청탁하는 일이 없어진 후에야 가법이 엄하고, 가법이 엄해진 후에야 정령이 맑아진다. 즉, 사사로운 정의로 인하여 정리가 두터워지게 되고 특히 아녀자는 그러한 유혹에 쉽게 빠지게 되는데 이를 수령이 냉정하게 판단해서 물리치지 못한다면 올바른 정사를 할 수 없으니 부인이나 가족을 통한 청탁을 금해야 한다는 것이다.

儉約無華하고 處官如家하며 一室從化하야 無攸怨罵면 則
君子之家也니라

해설: 검소하고 절약하여 사치함이 없고 관에 있는 것이 집에 있는 것과 같으며 온 집안 식구들이 따라서 감화하여 원망하고 꾸짖는 일이 없다면 이것은 군자의 집안이라고 말할 수 있다. 즉, 남편이 청탁을 받지 않고 쫓아 행할 때 바른 집안이라 할 수 있으며 더 나아가 목민관의 집안은 의복이나 음식에 있어서도 사치를 금하고 절검해야 한다는 것이다.

병객(屛客)

凡官府에 不宜有客이니 唯書記一人으로 兼察內事니라

해설 무릇 관부에는 손님이 있어서는 안된다. 오직 서기 한 사람을 두어 안 일까지 겸하여 보살피게 한다. 즉, 풍속에 수령들이 따로 「책객」이라는 사람을 두어서 회계를 맡아 보고 장부를 기록하게 하는데 이것은 예도가 아니다. 관부의 회계란 공용이거나 사용이거나를 막론하고 그 안에 포함되지 않은 것이 없으며 그래서 여러 아전이나 하인들이 걸리지 않는 자가 없다. 그런데 아무 명분도 지위도 없는 사람으로 하여금 이 권한을 도맡아 다스리게 하여 날마다 아전이나 관노의 재정을 맡은 자와 서로 다투게 되니 이러한 잘못을 초래하는 일을 만들지 말 것이며 따라서 관부 안에는 털끝만큼의 사사로움에 의한 객원이 머물게 해서는 안된다는 것이다.

図 병객 : 손님을 물리친다는 것이니 객원을 없게 한다는 말임.

凡邑人及隣邑之人은 不可引接라니 大凡官府之中은
宜肅肅淸淸이니라

(범읍인급린읍지인 불가인접 대범관부지중 의숙숙청청)

해설 무릇 고을 사람이나 이웃 고을 사람들을 맞아들여 접견해서는 안된다. 무릇 관부 안은 마땅히 엄숙하고 맑아야 한다.

즉, 요즘 풍속에 「조문」이라는 것이 있어 수령이 부임길에 오르기 전에 조정에 하직하러 가면 조정의 고관이 그를 찾아보라고 하는데 이때 청탁받는 일이 많으니 이때 청탁이나 농간의 길을 막고 관부를 맑게 하기 위해 신중하게 처신하라는 것이다.

図 인접 : 관아로 불러들여 보는 것을 말함.

貧交窮族이 自遠方來者어든 宜即延接하여 厚遇以遣之
니라

(빈교궁족 자원방래자 의즉연접 후우이견지)

해설 가난한 친구나 빈궁한 친족이 먼곳에서 방문했을 때에는 마땅히 맞아들여서 접견하고 후하게 대접하여 보내야 한다.

즉, 관청으로 찾아오는 자는 대체로 구차하고 비루한 사람이 많아 언어와 행동이 달갑지 않고 혹은 무리한 부탁을 하는 경우가 많다. 특히 영달하게 되면 곤궁한 친구와 친척들이 많이 찾게 되니 대하는 일이 참으로 난처하게 된다. 이때 그들에게 따뜻하게 맞이하고 후하게 대접해서 상대방으로 하여금 낭패하는 일이 없도록 처신해야 한다는 것이다.

㊟ 궁족 : 곤궁하게 사는 친족.

閽禁은 不得不嚴이니
(혼금 부득불엄)

해설 잡인의 출입은 엄하게 금해야 한다.

즉, 수령들 중에 관부의 모든 문을 활짝 열어 놓는 것은 덕행으로 생각하는 경우가 있는데 수령의 직책은 목민하는 것이지 사람을 만나 접대하는 데 있는 것이 아니다. 따라서 문을 지키는 아전에게 명하여 문밖에 찾아온 손님이 있다면 먼저 좋은 말로 사절해 놓고 나서 가만히 수령에게 고해서 처분을 묻도록 함이 실수가 없을 것이라는 뜻이다.

㊟ 혼금 : 일이 없는 사람들의 관청 출입을 금하는 것을 말함.

절용(節用)

善爲牧者는 必慈하니 欲慈者는 必廉이요 欲廉者는 必約이니 節用者는 牧之首務也니라
(선위목자 필자 욕자자 필렴 욕렴자 필약 절용자 목지수무야)

해설 목민을 잘하는 자는 반드시 자애스럽다. 자애하고자 하려는 자는 반드시 청렴해야 하고 청렴하고자 하는 자는 반드시 절약해야 하나니 절용한다는 것은 목민관이 제일 먼저 해야 할 임무다. 즉, 재정을 아껴쓴다면 백성들의 세금 부담이 가벼워진다는 것이니 따라서 백성들의 생활이 윤택해질 것이다. 그렇기 때문에 백성을 사랑하는 정치는 무엇보다도 절약하는 데 있으므로 절용은 목민관으로서 가장 먼저 힘쓸 일이라는 것이다.

節者限制也니 衣服飮食에 必有式焉이오 祭祀賓客에 必有式焉이니 式也者는 節用之本也니라

해설 절용이란 한도로 제약하는 것이다. 의복과 음식에는 반드시 법식이 있고, 제사를 지내고 빈객을 접대하는 일에도 반드시 법식이 있다. 이 법식을 지키는 것이 절용의 근본인 것이다. 즉, 의복은 거칠고 검소한 것으로 차리도록 힘써야 하며 음식도 사첩에 그치는 정도로 간단하게 먹도록 해야 한다. 이렇게 일상생활에 있어서 필요불가결한 음식과 의복부터 일정한 법식을 마련하여 절약을 해나가는 것이 절용의 가장 근본이 된다는 것이다.

祭祀賓客이 雖係私事나 宜有恒式이니 殘小之邑은 視式宜減이라

해설 제사나 빈객이 비록 사사로운 일에 속하는 것이나 마땅히 일정한 법식이 있어야 하고 쇠잔하고 작은 고을에서는 법식보다도 간소해야 한다. 즉, 수령이 자기 선조의 제사를 지낸다든지 손님을 접대하는 것이 공적인 일이 아니지만 법식이 있어야 하

圀 잔소지읍 : 쇠잔하고 작은 고을.

고 특히 작은 고을이라면 재정의 쓰임이 적으니 더욱 간소해야 한다는 것이다.

凡內饋之物은 咸定厥式대로 一月之用은 咸以朔納이니
(범내궤지물 함정궐식 일월지용 함이삭납)

해설 안채에 보내는 물건은 모두 법식을 정하되 한 달 쓸 것을 매달 초하룻날에 보내게 한다.
즉, 관부의 정령은 깨끗하고 간단한 것이 좋다. 안채에서 쓰는 일용품들은 날마다 일일이 하인들을 불러 가져오게 명령하면 매우 번잡하니 한달 쓸 분량을 초하룻날에 바치게 하는 등의 법식을 갖추어 놓도록 하라는 것이다.

圀 내궤지물 : 수령의 안채에 보내는 물품.
삭납 : 초하룻날 바치는 것.

公賓之餼는 亦先定厥式이로 先期辦物하여 以授禮吏하며
雖有贏餘라도 勿還追也니라
(공빈지희 역선정궐식 선기판물 이수예리 수유영여 물환추야)

해설 공빈을 대접하는 것도 또한 미리 법식을 정하되 기일 전에 물품을 준비하여 예리에게 주고 비록 남는 것이 생기더라도 도로 찾지 말아야 한다.
즉, 공적인 손님을 맞이하여 대접할 때 쓰는 물품에 대해서도 법식을 정하여 두는데 옛 예에 따르되 더욱 사치스럽거나 검소한 것은 버리고 중간쯤의 것을 택해 하도록 하고 관찰사가 도착하는 기일이 되기 전에 물품을 맡아 보는 아전에게 명하여 모든 물자를 갖추어서 예리에게 넘겨주도록 한다. 이렇듯 공빈의 접대도 역시 항식을 정해 놓고 구입과 지출을 분명히 하여 재용을 절약하라는 것이다.

圀 공빈 : 공적으로 접대해야 할 손님을 말함. 예를 들면 관찰사·어사 등.
예리 : 예방의 아전.

凡吏奴所供이 其無會計者는 尤宜節用이니

해설 무릇 아전이나 관노들이 바치는 것 가운데 회계에 포함되지 않는 것은 더욱 아껴야 한다. 즉, 관부에서 사용하는 모든 물품은 어느 것이나 모두 백성의 부담이 아닌 것이 없지만 그 중 그 대가를 관부의 회계에서 지출하지 않는 것은 백성에게 피해를 끼침이 더욱 심한 것이니 그것을 알아 더욱 절약해야 한다는 것이다.

天地生物하야 令人享用니하나 能使一物無棄면 斯可曰善用財也니라

해설 천지가 만물을 만들어서 사람으로 하여금 누리고 쓰게 하였는데 한 물건이라도 버림이 없게 한다면 재화를 잘 사용한다고 말할 수 있는 것이다. 즉, 천지는 사람들이 생활에 필요한 것을 만들어내고 있는데 이 뜻을 체득해서 사소한 물건 하나라도 이를 선용하여 함부로 버리는 일이 없도록 힘써야 한다는 것이다.

주 영인향용 : 사람으로 하여금 누리고 쓰게 하는 것.

낙시(樂施)

貧交窮族을 量力以周之니라

해설 가난한 친구나 곤궁한 친척은 힘을 헤아려서 돌보아주어야 한다.

즉, 가난한 친구·친척이 찾아왔을 때는 될 수 있는 대로 도와주어야 한다는 것이다.

註 낙시‥즐거이 물품으로 도와 줌.

權門勢家를 不可以厚事也니라
(권문세가를 불가이후사야)

해설 권문세가를 후하게 섬겨서는 안된다.

즉, 재상으로서 청렴한 자는 이러한 선물이나 물품을 피할 것이다. 아물든 권문세가에게 후하게 대하는 것은 아첨으로 오해받기 쉬우며 해가 될뿐 이익될 것은 없으니 그와같은 행동을 하지 말라는 것이다.

註 후사‥후하게 섬기는 것.

봉공 육조(奉公六條)

첨하(膽賀)

凡望賀之禮는 宜肅穆致敬하야 使百姓知朝廷之嚴이니

해설 망하의 예는 마땅히 엄숙하고 공경하게 하여 백성들로 하여금 조정의 존엄함을 알게 하여야 한다. 즉, 초하루와 보름에는 먼동이 틀 때 망하례를 행하는데 이때 엄숙히 하고 경의를 다함으로써 백성들로 하여금 조정의 존귀함을 알도록 해야 한다는 것이다.

망하지례 : 초하루와 보름에 수령이 임금이 계신 대궐을 향하여 행하는 예를 가리킴.

望慰之禮는 一遵儀注로대 而古禮不可以不講也라이니

해설 망위의 예는 오로지 의주에 따라야 하는데 옛 예절은 강론하지 않을 수 없는 것이다. 즉, 왕이나 왕비가 죽어서 국상이 났을 때 수령이 대궐을 향하여 행하는 예식인 망위례는 마땅히 의주의 정한 바에 따라 옛날의 예법대로 엄숙하고 경건하게 행해야 한다는 것이다.

㊟ 망위··국상이 났을 때 수령이 왕궁을 향하여 조의의 뜻을 표시하여 행하는 예.

의주··국가의 전례 절차.

國忌廢事_{하고} 不用刑_{하고} 不用樂_을 皆如法例_{니라} 하나
國기폐사　　不용형　　不용악　　개여법례

해설··국기일에는 일을 폐하고 형벌도 집행하지 않고, 음악을 중지하는 것을 모두 법례대로 행해야 한다.

즉, 나라의 제사 날에는 형을 집행하지 않으며 군악을 울리거나 잔치를 베풀며 풍류를 즐기는 일을 하지 않으며, 수령은 국기일 전날에 목욕재계하고, 국기일을 경건하게 보내야 한다는 것이다.

㊟ 국기··나라의 기일이라는 뜻으로 왕과 왕비의 제사날을 가리킴.

詔令所降_{이면} 宜宣布朝廷德意_{하야} 使百姓_{으로} 深知國恩_{하니}
조령소강　　의선포조정덕의　　사백성　　심지국은
라

해설··조서나 명령이 내리면 마땅히 조정의 은덕스러운 취지를 널리 선포하여 백성들로 하여금 나라의 은혜를 깊이 알게 해야 한다.

즉, 임금이 백성들을 위로하고 타이르는 글을 내리면 백성들은 문자를 모르기 때문에 직접 귀에 들려주고 면대해서 알려주기 전에는 조서가 내리지 않은 것과 같으니 목민관은 마땅히 조정의 어진 뜻을 백성들에게 널리 알려 백성들로 하여금 나라의 은덕을 마음속에 깊이 새기도록 해주어야 한다는 것이다.

㊟ 덕의··덕스러운 뜻이라는 말로 임금님의 어진 뜻을 말함.

수법(守法)

法者君命也이니 不守法이면 是不遵君命者也라 爲人臣
者는 其敢爲是乎아

해설 법이란 임금의 명령이니 법을 지키지 않는다는 것은 임금의 명령에 따르지 않는 것이다. 신하된 자가 어찌 감히 그렇게 할 수 있겠는가?

즉, 법을 지킴은 임금의 신하된 자로서 마땅히 지킬 일이라는 것이다. 따라서 책상 위에는 〈대명률〉·〈대전통편〉 한 부씩을 비치해 두고 언제나 법 조항을 들쳐보아 법에 따라 정사를 처리해야 한다.

㊉ 군명 : 임금의 명령.

邑例者는 一邑之法也이니 其不中理者는 修而守之니라

해설 읍례라는 것은 한 고을의 법이니 이치에 맞지않는 것은 고쳐서 지켜야 한다.

즉, 각 고을에는 예부터 내려오는 관례인 절목이란 것이 있는데 처음 만들 때 완전치 못해 내려오면서 많은 사람의 손에 의해 고쳐졌다. 그런데 고칠 때 더욱 백성들이 피해를 입게 한 조항이 많으므로 수령된 자는 이런 것들은 개혁하여 정사를 바르게 하여야 한다는 것이다.

㊉ 중리 : 이치에 맞는 것.

凡國法所禁과 刑律所載는 宜慄慄危懼하여 母敢冒犯
이니라

해설 무릇 국법에서 금하는 것과 형률에 실려있는 것은 마땅히 두려워해서 감히 범하는 일이 없어야 한다. 즉, 수령은 언제나 두려운 마음으로 일에 임하여 추호라도 법을 지키지 않는 일이 없어야 한다는 뜻이다.

㊵ 모범 : 법을 위반함, 법을 범함.

예제(禮祭)

禮際者는 君子之所愼也이니 恭近於禮이면 遠恥辱也니라

해설 예제는 군자가 조심하여 지켜야 할 일이다. 공손하고 예에 가까우면 치욕을 멀리 할 수 있을 것이다. 즉, 예의를 갖추고 교제하는 일은 참으로 어려운 것으로 군자가 신중히 해야 할 바이다. 공손하고 예법에 맞게 처신하면 남들이 나를 업신여기지 못할 것이니 내 몸에 치욕이 돌아오지 않게 하는 현명한 방법인 것이다.

㊵ 예제 : 예의를 갖추고 남과 교제함.

延命之赴營行禮는 非古也라

해설 연명의 예를 감영으로 달려가서 행하는 것은 옛 예가 아니다.

즉, 「연명」이라는 것은 수령이 본읍에 있는데 선화하는 임무를 띤 신하가 순행하여 본읍에 도착하면 수령이 객사의 뜰에서 공손히 교서를 받들고 첨하는 예를 행하는 것이다. 그리하여 순행이 본읍에 이르지 않으면 옛날의 예도이다. 그런데 선비의 기풍과 절개가 쇠잔해지면서 순행하는 선화관이 본읍에 오지 않았는데도 스스로가 감영에 달려가서 아첨하는 식의 연명의 예를 행하는 어리석은 행동을 하는 수령이 있는데 이는 「연명」의 올바른 의미를 모르는 행동이라는 것이다.

㊵ 연명 : 명령을 맞이하여 받음.

36

上下判官은 於上營에 宜格恭盡禮하야 有先輩故事니라

영하판관 어상영 의격공진례 유선배고사

해설 영하판관은 상영에 대하여는 마땅히 삼가고 공손하게 예를 극진히 할것이며 그것은 선배의 고사가 있다.

즉, 판관은 병영이나 감영에 소속되어 있는 것임에도 불구하고 상영을 무시하고 몸을 굽혀 섬기기를 싫어하며 일을 만들어서 상영과 다투기를 좋아하는 경향이 있는데 이것은 올바른 태도가 아니다. 상영이 잘못할 경우엔 따지고 다툴 수 있으나 기본적으로는 삼가고 공손하게 하관으로서의 예의를 지켜야 하는 것이다.

영하판관: 감영 아래에 속하는 판관, 판관은 관찰부, 유수영과 주요 주부에 배치했던 지방장관의 속관이다.

상영: 감영·우수영의 상관.

上司推治吏校에 雖事係非理라도 有順無違可也니라

상사추치리교 수사계비리 유순무위가야

해설 상사가 본읍의 아전이나 군교를 잡아다 추문·치죄할 때에는 비록 일이 사리에 어긋나는 것일지라도 순종함이 있을 뿐 어기지 않는 것이 좋다.

즉, 상사가 본읍의 이교를 잡아다가 다스릴 때에는 비록 그러한 처사가 사리에 맞지않는 것일지라도 그의 의견을 순종하고, 죄가 없는 것을 무리하게 치죄할 경우 간곡히 진술한 뒤 하관된 수령으로서는 어디까지나 이에 순종하고, 이교를 보내는 식으로 원만히 해결하는 방법을 모색할 것을 강조하고 있다.

이교: 아전과 군교

所失在牧호되 而上司令牧하야 自治其吏校者어든 宜請移

소실재목 이상사령목 자치기리교자 의청이

囚 수 니라

해설 과실이 수령에게 있는데 상사가 그 수령에게 그 밑의 이교를 치죄하라고 하면 마땅히 사죄를 다른 수령에게 옮겨서 치죄하기를 청해야 한다.

즉, 아랫사람의 죄는 장관인 수령으로서 밝혀내지 못한 책임을 면할 수 없다. 그러므로 아랫사람의 죄가 상사에게 발각되었을 때는 이웃 고을 수령에게 그 사건을 처리해 달라고 청하는 것이 옳은 일이라는 뜻이다.

㊟ 이수 : 딴 고을로 옮겨서 가두는 것.

禮不可不恭하고 義不可不潔하니 禮義兩全하면 雍容中道이니 斯謂之君子也니라

해설 예는 공손하지 않으면 안되고 의는 깨끗하지 않으면 안 되니 이 두가지가 아울러 온전하면 온화하고 도에 맞을 것이니 이를 일러 군자라고 한다.

隣邑相睦하고 接之以禮하면 則寡悔矣니라 隣官有兄弟之 誼하니 彼雖有失도 無相猶矣니라

해설 즉, 예와 의를 온전히 하는 온화한 태도로 도리에 어긋남이 없도록 해나가되 언제나 벼슬을 그만둔다는 각오를 하여 수령으로서의 해야 할 일을 소신있게 하는 의연한 태도를 지킬 것을 강조하고 있다.

㊟ 옹용 : 화평스러운 것.

해설 이웃 고을과 서로 화목하며 예로써 접촉하면 허물이 적을 것이요, 이웃 고을의 수령과는 형제와 같은 우의가 있는 것이니 그쪽에게 비록 실수가 있더라도 서로 미워하는 일이 없어야 한다.

즉, 같은 땅에 사는 한 민족이니 이웃 고을의 백성도 백성이다. 따라서 진실로 백성을 사랑한다면 이웃 고을을과 서로 다툴 일이 없을 것이며 이웃 고을의 백성과는 우의가 있는 것이니 서로 선을 권하고 협조해서 같이 잘 살수 있도록 힘써야 한다는 것이다.

㊟ 무상유의∶상대방이 잘못한다고 나도 상대방과 같이 해서는 안된다는 뜻임.

交承有僚友之誼하니 所惡於後라도 無以從前이면 斯寡怨矣이라

(교승유료우지의 소악어후 무이종전 사과원의)

해설 교대할 때에는 동료로서의 우의가 있으니 후임자에게 미움받을 일을 전임자가 하지 않아야 원망이 적을 것이다.

즉, 전·후임이 인수 인계해서 교대하게 되면 이는 동료로서의 우의를 맺게 되는 것이니 전임자는 후임자에게 괴로움을 남겨주지 않도록 힘써야 함을 강조하고 있다.

㊟ 요우∶동료.
소악어후∶후임자에게 미움을 받음.

문보(文報)

公移文牒은 宜精思自撰이요 不可委之於吏手니라

(공이문첩 의정사자찬 불가위지어리수)

39

해설 보고하는 문서는 마땅히 정밀하게 생각하여 자신이 작성할 것이요. 아전의 손에 맡겨서는 안된다.

즉, 중요한 문서는 관속들의 농간을 방지하고 공무의 공정한 집행을 위해 수령 자신이 작성해야 한다는 것이다.

㊟ 문보 : 문서로써 보고함.

文牒稽滯하면 必遭上司督責하니 非所以奉公之道也라

(문첩계체 필조상사독책 비소이봉공지도야)

해설 보고문서를 지체하여 상사의 독촉과 문책을 받는 것은 공무를 이행하는 자의 도리가 아니다.

즉, 모든 문서는 기한을 지켜 늦어지는 일이 없어야 하고, 그렇지 않고 지체된다면 상사의 독촉과 문책을 받게 될 뿐 아니라 나라에 봉직하는 자의 도리에 어긋나는 일이라는 뜻이다.

㊟ 계체 : 지체하는 것.

凡爲民求惠나 爲民除瘼者는 須至誠達於辭表라야 方可動人이니라

(범위민구혜 위민제막자 수지성달어사표 방가동인)

해설 무릇 백성을 위하여 은혜를 구하거나 백성을 위하여 병폐를 제거하기 위한 공문서에는 반드시 지극한 정성이 나타나도록 작성해야만 남을 감동시킬 수 있다.

즉, 수령이 그 고을의 폐단이나 은혜를 베풀어야 할 일이 있을 때 그 의견을 상사에게 상신하는데 수령의 진심에서 우러나오는 지극한 정성이 글에 나타날 때 잘못된 일이나 은혜를 베풀어야 할 일에 대한 시정하려는 마음이 일어날 수 있다는 것이다.

凡上下交牒은 宜録之爲冊하야 以備考檢호되 其設期限

者는 別爲小冊이니라

해설 상사와 백성들에게 오고간 모든 문서는 마땅히 목록을 붙여서 책을 매어두고 참고와 검열에 대비할 것이며, 그 기한이 설정되어 있는 문서는 따로 떼어 소책자로 만들도록 한다.
즉, 모든 문서는 쓰임에 따라 분류하고 책으로 만들어 두어 훗날의 고증이나 검열에 대비하도록 하라는 뜻이다.
㊟ 이비고검 : 고증하고 검열하는 데 대비하는 것.

農形文報를 例間五日인댄 雖付人便이라 亦無傷也니라

해설 농사의 상황을 보고하는 문서 중 예규에 따라 5일마다 한 번씩 내는 것은 비록 이웃 고을의 인편에 부쳐도 무방할 것이다.
즉, 형식적인 내용의 농사에 관한 보고는 촌간을 다투는 일이 아니다. 그러므로 변방의 외진 고을로서 상사가 있는 곳이 멀다면 이웃 고을에 그 송달을 부탁해도 괜찮다는 것이다.

月終文報로 其可删者는 議於上司하야 圖所以去之니라

해설 월말의 보고문서로서 생략해도 좋은 것은 상사와 상의해서 없애버리도록 한다.
즉, 필요치 않는 월말보고는 관청의 사무를 번잡하게 할 뿐이니 생략하여 사무의 간소화를 꾀할 것이다. 이 때 생략여부를 상사와 의논해서 결정해야 하는 것이다.

공납(貢納)

財_재出_출於_어民_민이오 受_수而_이納_납之_지者_자牧_목也_야인댄 察_찰吏_리奸_간이면 則_즉雖_수寬_관無_무
害_해요 不_불察_찰吏_리奸_간이면 則_즉雖_수急_급無_무益_익이라

해설 재물은 백성에게서 나오며 이것을 받아들여 바치는 것은 수령이다. 아전의 농간을 잘 살핀다면 비록 관대해도 해가 될 것이 없지만 아전의 농간을 살필 줄 모르면 아무리 급하게 굴어도 이익됨이 없을 것이다. 즉, 백성은 속미와 사마를 내서 그 임금을 섬기는 것을 자기의 본분이라고 생각하고 있다. 그러므로 까닭 없이 납입을 거절하는 자는 없다. 그런데 우둔한 관리들이 상납의 기한을 어기며 혹독하게 백성들의 살을 깎아내려는 짓을 하기 때문에 기한을 지키지 못하고, 백성들의 원성이 높아지는 것이다. 현명한 수령이라면 너그럽게 해주면서 기한에 미치도록 해 상하가 모두, 원망이 없도록 할 것이다.

㈜ 공납 : 공물(나라에 바치는 물건)을 바침.

姦_간民_민之_지害_해는 甚_심於_어姦_간吏_리로대 欲_욕貢_공納_납及_급期_기者_자는 先_선察_찰民_민姦_간
하나니라

해설 간사한 백성의 해독은 간사한 아전보다 심하다. 공납을 기한 내에 수납하고자 하는 자는 먼저 백성의 간사한 행위를 살펴야 한다. 즉, 아전의 농간보다 백성들에게 있어 풍헌이니 약정이니 별유사니 하는 무리들이 농간을 부려 폐간을 낳

는 것이 더 심하다. 모든 상납물이 그들 손에 들어가면 절반은 사라지고 그 과정에서 향리들을 매수하여 또 다시 강제로 백성들에게 받아들이는 일이 있으니 수령은 먼저 이들의 농간부터 막아야 한다는 것이다.

錢有定數하고 米無多品이나 惟布之爲物은 最無程式이니 不可以不慮也니라

해설 돈은 액수가 일정하고 쌀에도 품질의 등급이 많지 않다. 오직 포목이라는 것은 일정한 규격이 가장 없다. 포목을 수납할 때는 이 점을 생각하지 않을 수 없다.

즉, 포목은 물건 중에 돈은 가장 폐단이 없고 쌀도 또한 살피기가 쉬우나 면포·마포는 거칠고 고운 것이 다양하고 값도 다르므로 아전들의 농간이 행해지기 쉽다. 그러니 포목을 수납할 때는 이 점에 특히 유의해야 한다는 것이다.

上司所命호되 或係非理이나 或今民情不可强督은 宜執 不可하야 期不奉行하나니라

해설 상사의 명령이 사리에 어긋나거나 혹은 지금의 민정으로 보아 강행할 수 없는 것이 있으면 마땅히 그것이 불가함을 주장하여 그대로 봉행하지 않도록 해야 한다.

즉, 아무리 상사의 명령이라도 백성들이 공납하기 어려운 것일 때에는 백성들을 괴롭힐 것이 아니라 수령 스스로 그 책임을 내던질 각오를 해야 한다는 것이다.

常賦常貢之外에 上司求獻奇物어든 不可承也라

해설, 정당한 조세와 공물 이외에 상사가 진기한 물품을 바치라고 요구하는 것은 그대로 좇아서는 안된다.

즉, 민폐가 되는 일은 극히 삼가야 진실로 백성을 사랑하는 길이 생긴다는 것이다.

上司以非理之事로 强配郡縣커던 牧宜敷陳利害하야 期不奉行하라

해설 상사가 사리에 맞지않는 일을 강제로 군현에 배정하여 시키면 수령은 반드시 이와 해가 되는 점을 자세히 진술하여 그대로 봉공하는 일이 없도록 해야 한다.

즉, 강제로 배정하는 명령에는 따르기 어려운 것들이 많다. 불공평한 부역을 시키거나 못쓸 물건을 강매하여 귀한 것으로 만드는 등 이치에 맞지 않아 봉행할 수 없는 것들이 있으니 이때 상사의 명령이라도 따라서는 안된다. 사리를 들어 진술하고 이로 인하여 벼슬자리에서 내쫓겨도 이런 소신을 굽히지는 말아야 한다는 것이다.

요역(徭役)

上司差遣이면 並宜格順하고 託故稱病하야 以圖自便은 非

44

君子之義也니라

해설 상사가 출장을 보내면 마땅히 따라야 한다. 사고를 핑계삼거나 병을 칭탁하여 자신의 편안만을 꾀하는 것은, 군자의 도리가 아니다.

즉, 상사가 나를 파견해서 이를 보게 하려고 할 때에는 이에 순종해야 한다. 만일 자신이 핑계를 대어 빠졌을 경우 그 임무는 딴사람에게 돌아가게 되니 자신의 편안을 위해 그 임무를 방기함은 군자로서 할 일이 못 된다는 뜻이다.

殺獄檢官에는 尤不可謀避니라

해설 살인사건이 생겼을 때에 검시의 명령을 받으면 회피해서는 더욱 안된다.

즉, 검시는 시간이 급한 것이기 때문에 지체가 없어야 하는 것이다.

凡有差遣은 宜亦盡心職事하고 以塞一日之責하면 不可苟也니라

해설 무릇 출장 명령에는 마땅히 성심껏 부여된 직책을 이행해야 하고 구차하게 해서 하루의 책임을 메꿔서는 안된다.

즉, 파견되어 일을 보러 가서는 마땅히 성의를 다해서 임무를 수행해야 한다는 것이다.

其或問情於漂船者^{기혹문정어표선자}機急而行難이니尤所惕心^{기급이행난우소척심}하나라

해설   혹시 풍랑을 만나서 표착한 배의 정상을 조사하라는 명령을 받았을 때에는 시기는 급하고 행하기는 어려운 것이니 더욱 조심해야 한다.

즉, 표박선의 내정을 조사하는 데는 유의할 점이 다섯가지가 있다. 첫째 외국사람에게 예의를 지켜야 한다. 둘째 표류 선박 안의 문서는 모두 베껴서 보고해야 한다. 세째 실정 조사는 섬에서 하게 되는데 이때 아전과 관노들이 이를 핑계로 백성의 재산을 빼앗는 일이 있으니 수령은 그런 일이 일어나지 않도록 해야 한다. 네째 배의 구조, 대소 광협과 사용한 재목, 운전법, 속력, 기타 장치와 기계를 자세히 기록하도록 해야 한다. 다섯째 외국인에게 인자한 표정과 동정하는 빛을 보여 그들이 호감을 가지고 돌아가도록 할 것이다.

애민 육조(愛民六條)

양로(養老)

養老之禮廢면 而民不興孝니하나 爲牧者는 不可以不擧也니라

해설 양로의 예를 폐하면 백성들은 효심을 일으키지 않게 될 것이니 목민관이 된 자는 이 예를 거행하지 않으면 안된다. 즉, 늙은이를 받들어 모시는 예를 행하는 것이 백성들에게 효도를 권장하는 방법이 되는 것이므로 목민관은 정성껏 거행하며 게을리해서는 안된다는 것이다.

歲除前二日에 以食物歸耆老니라

해설 세제 이틀 전에 60세 이상의 노인들에게 음식을 돌려야 한다.

즉, 묵은 해를 보내는 뜻깊은 세제 이틀 전에 60세 이상 노인들에게 세찬을 보내도록 촉구하고 있는 것이다. 이때 쌀 한 말, 고기 두 근을 예단과 문안편지를 갖추어서 보낸다.

圂 기로 : 60세 이상의 노인.

자유(慈幼)

慈幼者(자유자)는 先王之大政也(선왕지대정야)니 歷代修之(역대수지)하야 以爲令典(이위령전)이니라

해설 어린이를 사랑하는 것은 선왕들의 큰 정사로서 역대의 임금들이 지켜서 법령으로 삼고 있다.

즉, 사람이 극도로 가난하게 되면 자식을 낳아도 거두지를 못하고 팔거나 내버리게 된다. 목민관은 마땅히 이런 아이들을 거두어서 가르치고 길러서 훌륭한 사람으로 만드는 것이 어진 정사인 동시에 임무에 해당한다는 뜻이다.

圂 자유 : 어린이를 사랑함, 고아를 구휼함.

古之賢牧(고지현목)은 於此慈幼之政(어차자유지정)에 靡不單心(미부단심)이라

해설 옛날의 어진 목민관들은 이러한 어린이를 사랑하고 구휼할 정책에 마음을 다하지 않은 자가 없었다.

즉, 옛날의 임몽득도 평창에 있을 때 버려진 아이를 구제할 방도를 고민하던 중 공명권 수천 장을 만들어 각 호에 나누어 주어 유아를 기른 자에게 상을 주고 곡식을 나누어 주었는데 이때 구제받은 어린이가 8천 8백여명이나 되었다 한다.

48

至我聖朝에 慈幼之政은 度越前古하야 詳著法例하고 常

勅令長이라

해설 우리나라의 어린이를 구휼하는 정책은 옛날보다 더 뛰어나며 법례에 자세히 규정하고 항상 수령들을 경계했다.

즉, 나라에서도 어린이를 구휼하려는 노력이 계속되어 왔으며 〈국조보감〉 등에는 그 실례들이 나와 있다.

若非饑歲인데 有遺棄者면 募民收養하야 官助其糧이니

해설 만일 흉년이 아닌 해에 어린아이를 유기한 일이 있으면 백성 중에서 수양할 사람을 구하여 주고 관에서 그 식량을 보조하여야 한다.

즉, 진휼을 베푸는 해라면 마땅히 그 진휼하는 곳으로부터 식량을 보조할 것이지만, 평년에는 수양할 사람을 구하여 맡긴다.

진궁(振窮)

鰥寡孤獨을 謂之四窮이니 窮不自振하야 待人以起니라 振

49

者擧也라

해설 환·과·고·독을 사궁이라 한다. 이들은 궁하여 스스로 일어설 수 없어서 다른 사람의 힘을 빌어야만 일어설 수 있다. 즉, 목민관으로서 사궁을 선별하는 데에는 세 가지가 있으니 첫째 나이, 둘째 친족, 세째 재물이다. 이 세 가지 중에 하나도 해당되는 자들이야말로 참말로 돌아갈 곳 없는 궁민들이니 이들은 관에서 구휼해야 한다는 것이다.

주 진궁: 궁한 자를 일으켜서 떨치게 함.
환과고독: 환은 홀아비, 과는 과부, 고는 고아, 독은 늙어서 의지할 곳없는 사람.

過歲不婚娶者는 官宜成之니라

해설 혼인해야 할 나이가 지났으나 시집가고 장가가지 못하는 자는 마땅히 관에서 성혼시켜 주어야 한다. 즉, 집안이 가난하여 남녀가 혼기를 놓쳤을 때는 관에서 혼수비용을 대주어 성혼시키는 것이 목민관의 직책을 다하는 길이다.

주 과세: 해를 넘긴다는 뜻으로 여기서는 제때에 혼인을 못하고 나이를 많이 먹게 된 것을 이름.

勸婚之政은 是我列聖遺法이니 令長之所宜恪遵也니라

해설 혼인을 권장하는 정책은 역대 임금이 남긴 법이니 수령된 자는 마땅히 힘써 따라야 한다. 즉, 《경국대전》에 이르기를 「사족의 딸로서 나이가 삼십 세에 가깝도록 가난해서 시집가지 못한 자는 예조에서 임금께 아뢰어 혼수를 지급하여 주고 가장은 중벌로 논한다」하였다. 정종 15년에는 임금께서 백성들이 가난하여 남녀의 혼인이 때를 넘기는 것을 딱하게 여기고 서울의 5부에

명하여 혼기가 넘은 자는 재촉하여 성혼하도록 권장하고 혼수 비용으로 나라에서 돈 5백, 베 두 필을 주게 했으며 매달 상황을 보고하게 했다.

每歲孟春(매세맹춘)에 選過時未婚者(선과시미혼자)하야 並於仲春成之(병어중춘성지)니라

해설 매년 초봄이면 과년하도록 혼인하지 못한 자를 가려내어 중춘에는 성혼시키도록 한다. 즉, 해마다 초봄이면 25세 이상의 남자와 20세 이상의 여자들을 조사해 부모·친척·재산이 있는 자는 성혼을 독촉하고, 의지할 곳도 재산도 없는 자는 고을에서 덕있는 사람을 시켜 배필을 구하여 성혼시키도록 하되 관에서 약간의 돈과 포목을 주어 돕는다.

合獨之政(합독지정)도 亦可行也(역가행야)니라

해설 독신으로 있는 사람들을 짝지어 주는 정책도 또한 행해야 할 것이다. 즉, 불우한 홀아비와 과부를 중매하여 짝지어 주는 것 또한 선정이다.

㊟ 합독 : 홀아비와 홀어미를 혼인시키는 것.

애상(哀喪)

哀喪之禮(애상지례)는 民牧之所宜講也(민목지소의강야)니라

해설 상사에 애도의 예를 표함은 백성의 수령된 자가 마땅히 해야 할 일이다. 즉, 관속이 친상을 당했거나 자신이 죽었을 때에는 마땅히 부의를 보내서 비용을 보태주고 위로하며, 장례 때에는 예방 아전을 보내서 치제하는 성의를 베풀어야 한다.

有喪蠲徭는 古之道也니 其可自擅者는 皆可蠲也니라

해설 상사가 있으면 요역을 면제해 주는 것은 옛날의 법이니, 그외에 수령이 자기의 힘으로 할 수 있는 것은 모두 면제해 주는 것이 좋다.

즉, 일정한 법을 만들어 상을 당한 자에게는 요역을 비롯해서 모든 부역을 면제하는것이 좋고 이것은 예부터 행해오는 옳은 일인 것이다.

民有至窮極貧하야 死不能斂하고 委之溝壑者는 官出錢 葬之니라

해설 백성 중에는 지극히 곤궁해서 죽어도 장사지내지 못하고 구덩이에 버리는 자가 있으면 관에서 돈을 주어 장사지내도록 해야 한다.

즉, 평소에 관내 여러 고을에 영을 내려서 사람이 죽었는데도 가난하여 장사지내지 못하는 처지에 있는 자가 있으면 관에 즉시 보고하게 하고 이런 보고를 접하면 지체없이 장사지낼 수 있는 조치를 취해 줘야 한다.

囹 구학 : 구덩이.

其或饑饉癘疫으로 死亡相續던이어 收瘞之政과 與賑恤偕 作라이니

해설 혹은 흉년과 전염병으로 사망자가 속출할 때에는 그 시체를 거두어 묻는 일과 진휼하는 일을 병행해야 한다.

즉, 큰 기근이 들거나 전염병이 유행하게 되면 사망자가 계속해서 생기게 된다. 이런 때에는 그 시체를 거두어 묻는 것도 게을리할 수 없는 일이니 진휼정책과 함께 추진해야 한다.

㈜ 진휼 : 흉년에 곤궁한 백성을 구제해 주는 일.

或有客官遠方하야 其旅櫬過邑던이어 其助運助費를 務要 忠厚니라

해설 혹시 먼 객지에서 벼슬살이를 하던 사람의 관이 고을을 지나게 되면 그 운구를 도와주고 비용을 보조하여 충후하게 하도록 힘써야 한다.

즉, 먼곳으로 가서 벼슬살이 하다 집으로 돌아오는 장례행렬이 고을을 지나면 인부를 내어 운구의 이동을 도와주고 돈을 내어 비용을 도와주는 등 최대의 성의를 베풀어야 한다.

㈜ 여친 : 객지에서 죽어서 집으로 옮겨지는 관을 말함.

관질(寬疾)

廢疾毒疾로 力不能自食者는 有寄有養니하라

해설 폐질이나 독질에 걸려 제 힘으로 먹고 살아갈 수 없는 자는 의지할 곳과 살아갈 길을 마련해 주어야 한다.

즉, 소경, 절름발이 손발 병신, 문둥이 같은 사람들은 그 병으로 인해 사람들의 배척을 당하는 불쌍한 자들인데 거기에다 육친마저 없어 떠돌아다니니 실로 불쌍하다. 그러니 그들의 종족을 타일러서 보호하게 하거나 관에서 보호하는 방법으로 생활을 안정시키도록 해야한다.

㈜ 관질…병자를 너그럽게 대하는 것.
폐질…불치의 병.
독질…위독한 병.

凡殘疾之民은 免其軍簽이라

해설 불구의 병에 걸린 백성들에게는 군적에 등록하는 것을 면제한다.

즉, 불치병에 걸린 사람이나 중병에 걸린 환자는 일할 수 있는 능력이 없기 때문에 병역을 면제해 주어야 하며 부역도 시키지 말아야 한다는 것이다.

㈜ 잔질:불구의 병.

天行瘟疫이나 或無名時氣로 死亡夭折을 不可勝數者는 自官救助니하라

악성 전염병이 유행하거나 이름을 알 수 없는 유행병으로 죽고 요절하는 백성이 이루 셀 수 없을 만큼 많을 때에는 관에서 구조해 주어야 한다. 즉, 염병과 같은 악성 전염병이 유행하게 되면 사람들이 두려워하고 기피하는 것이 많아서 혼란을 수습하기 어렵게 되는데 이때 목민관은 마땅히 병을 다스리는 데 심혈을 기울여야 한다는 것이다.

図 요절 : 젊어서 죽음.

구재(救災)

水火之災는 國有恤典하니 行之惟謹이나 宜於恒典之外는 牧自恤之니라 하니라

해설 수재·화재에 대해서는 국가에서의 휼전이 있으니 삼가 행할 것이지만 항전에 없는 것은 마땅히 수령이 스스로 구휼해야 한다.

즉, 수재나 화재 등을 당했을 때에는 나라에서 구제해 주는 것이 법으로 되어 있는데 자기 고을에 재해가 있을 경우에는 국가의 법에 명시된 대로만은 부족한 면이 있으니 달리 대책을 세워서 재민 구호에 안전을 기하도록 힘써야 한다는 것이다.

図 휼전 : 구제하는 법.
항전 : 일정한 법령에 의거한 정한 예의 은전.

凡有災厄에 其救焚拯溺을 宜如自焚自溺할새 不可緩

也

也 야
니라

해설 무릇 재액이 있으면 불에 타는 것을 구해내고 물에 빠진 것처럼 해야 하며 구함을 늦추어서는 안된다.

즉, 목민관은 곧 그 고을 백성의 부모라 할 수 있으니 백성들이 액운·재해를 당했을 때에는 마치 자기 자신이 불에 타고 물에 빠진 것처럼 급히 구제를 해야 한다는 것이다.

圐 재액 : 재난과 액운.

思患而預防은 又愈而旣災而施恩라이니
(사환이예방 우유이기재이시은)

해설 환난이 있을 것을 생각하고 미리 예방하는 것은 이미 재앙을 당한 뒤에 은혜를 베푸는 것보다 낫다.

즉, 모든 재해는 사전에 방지하는 것이 현명한 일이니 둑을 쌓고 언덕을 만들며 제방을 굳게 쌓는다면 수재의 염려를 덜 것이며 방화시설을 마련해 놓는다면 화재를 미리 예방할 수 있다. 따라서 재해를 당한 뒤 은혜를 베풀어 봤자 죽은 사람을 살려낼 수 없는 바 그런 손실을 미리 막는 재해 예방에 최선을 다하는 것이 더 중요하다는 것이다.

凡遇災에는 當與同憂하며 致其仁惻되로 力所不逮라도 民恕之也니라
(범우재 당여동우 치기인측 역소불체 민서지야)

해설 무릇 재난을 당했을 때는 마땅히 이재민과 함께 근심을 나누며 어질고 측은하게 여기는 마음을 발휘해야 한다. 정성껏 했는데도 힘이 미치지 못한 것은 백성들도 용서할 것이다.

즉, 목민관은 재해를 당한 백성들의 고통을 진정으로 나누는 자세를 가져야 한다는 것이다.

이전육조(吏典六條)

속리(束吏)

束吏之本은 在於律己이니 其身正이면 不令而行이요 其身
不正이면 雖令不行이니라

해설 아전을 단속하는 근본은 자기 몸을 다스리는 데 있다. 그 몸이 바르면 명령하지 않아도 행하여질 것이고, 그 몸이 바르지 않으면 비록 명령해도 시행되지 않을 것이다.

즉, 백성을 괴롭히고 못 살게 구는 폐단은 모두 아전들의 농간에서 생긴다. 그러므로 아전을 잘 단속해야만 고을을 잘 다스릴 수 있다. 아전들을 잘 단속하려면 수령부터 솔선수범하여 공명정대하고 바른 몸가짐을 가져야 한다는 뜻이다.

주 속리…아전을 단속함.
율기…몸을 다스리는 것.

牧之所好는 吏無不迎合이니 知我好利이면 必誘之以利

라 一爲所誘하면 則與之同陷矣니라

해설 수령의 기호에 영합하지 않는 아전은 없는 법이다. 내가 재물을 좋아하는 것을 안다면 반드시 이로써

나를 유혹할 것이니 한 번 유혹당하면, 함께 죄에 빠지게 되는 것이다.

圖

영합‥상대방의 비위를 맞추는 것.

유지이리‥이익으로써 유혹하는 것.

일위소유‥한 번 유혹되면.

여지동함‥그와 함께 죄에 빠지는 것.

不知以爲知하야 酬應如流者는 牧之所以墮於吏也라

해설 알지 못하는 것을 아는 체하여 물 흐르는 것처럼 하는 것은 수령이 스스로 아전들의 농간에 떨어지게 되는 것이다.

즉, 알지 못하는 일도 물기를 꺼려 도장을 찍어 쉽게 결재하는 것을 자랑으로 알고 있으면 간악한 아전들의 농간에 떨어지게 된다는 뜻이다.

齊之以禮하고 接之有恩하며 然後束之以法이어 若陵轢虐

使하고 顚倒詭遇하면 不受束也니라

吏屬參謁_{이속참알}에 宜禁白衣布帶_{의금백의포대}하나니라

해설 이속들이 와서 뵈올 때에 흰 옷과 베띠 차림을 금해야 한다.

해설 예로써 정제하고 은혜로써 대한 뒤에 법으로써 단속해야 한다. 만약 업신여기고 짓밟으며 학대하고 혹사하며 거꾸로 세워 놓고 심하게 다룬다면 단속을 받지 않을 것이다.

吏屬遊宴_{이속유연}은 民所傷也_{민소상야}이니 嚴禁屢戒_{엄금루계}하야 母敢戱豫_{무감희예}니라

해설 아전들이 모여 연회를 열고 즐기는 것은 백성들의 마음을 상하게 한다. 엄하게 금지하고 거듭 경계하여 감히 유흥에 빠지는 일이 없도록 해야 한다.

㊟ 유연···놀이하고 잔치를 벌이는 것
희예···놀이하는 것.

吏廳用笞罰者_{이청용태벌자}는 亦宜禁之_{역의금지}니라

해설 아전들이 청에서 매질하는 것은 또한 마땅히 엄금해야 한다. 즉, 태형은 국가 형벌이므로 감히 아전이 사사롭게 태형을 할 수 없게 해야 한다는 뜻이다.

猾吏敗散者_{활리패산자}는 出村求乞_{출촌구걸}되 必先事戒之_{필선사계지}하야 俾勿犯_{비물범}이니

해설 교활한 아전으로서 파산한 자가 촌에 나가서 구걸하는 행위도 반드시 그런 일이 있기 전에 경계하여 그렇게 하지 못하도록 해야 한다.

員額少면 則閑居者寡이며 而虐斂未甚矣리라

해설: 관속의 정원이 적으면 한가하게 놀고 있는 자가 적고 무리하게 거두어 들이는 것이 심하지 않게 될 것이다.

今之鄉吏는 締交宰相하고 關通察司하야 上貌官長하고 下剝生民이니 能不爲是所屈者는 賢牧也라

해설: 지금의 향리는 재상과 사귐을 맺고 감사와 연통하여 위로는 관장을 업신여기고 아래로 백성을 침탈한다. 여기에 굽히지 않는다면 어진 수령이다.

주 상모관장 : 위로 관장을 업신여기는 것. 하박생민 : 아래로 백성들의 껍질을 벗기는 것.

首吏權重이나 不可偏任하고 不可數召하며 有罪必罰하야 使民無惑하니라

해설: 수리는 권한이 무거우니 치우치게 맡겨도 안 되며 자주 불러도 안 된다. 죄가 있으면 반드시 벌하여 백성들로 하여금 의혹을 가지는 일이 없도록 해야 한다.

60

上官旣數月에 作下吏履歷表하야 置之案上라이니

해설 수령이 부임한 지 두어 달 되면 아래 아전들의 이력표를 만들어 책상 위에 놓아 두어야 한다. 즉, 이력표는 아전의 성명, 취임 연월일, 아전으로서의 사무 담당 경력 등을 기록한 표이다. 이 이력표를 보고 사람을 쓰는 데 있어 공평하고 기회 균등의 정책을 시도할 수 있다는 뜻이다.

吏之作奸에는 史爲謀主니 欲防吏奸이면 怵其史하며 欲發

吏奸이면 鉤其史니라

해설 아전이 농간을 부리는 데에는 사가 주모자가 된다. 아전의 농간을 막으려면 사를 두렵게 만들어야 하고 아전의 농간을 적발하려면 사를 꾀어야 한다.

㊟ 사 : 문서의 기록을 맡은 사람.

어중(馭衆)

軍校者는 武人麤豪之類니 其戢橫은 宜嚴이라

㊟ 군교란 무인으로 거칠고 호기있는 무리다. 그들의 횡포를 방지하는 일은 마땅히 엄중하게 해야 한다.

㊟ 어중 : 여러 사람을 통솔함.

門卒者는 古之所謂皂隷也니 於官屬中最不率教니라

해설 문졸이란 옛날의 조예로서 관속 중에서 가장 가르침에 따르지 않는 자들이다.

註 조예…천한 하인.
최불솔교‥가장 가르침에 따르지 않는 것.

官奴作奸은 惟在倉廒며 有吏存焉이니 其害未甚이라 撫

之以恩하야 時防其濫이니

해설 관노가 농간을 부리는 것은 오직 창고에 있다. 거기에는 아전이 있으니 그 해가 심하지 않다면 은혜로써 어루만져서 그 외람된 행동을 막아야 한다.

侍童幼弱이면 牧宜撫育하며 有罪宜從末減이나 其骨格已

壯者는 束之如吏니라

해설 시동은 어리고 약한 자이니 수령은 마땅히 어루만져 길러야 하고 죄가 있을 때는 마땅히 가장 가벼운 법을 좇아 처리해야 한다. 그러나 그의 체격이 이미 장년처럼 장대한 자는 아전과 같이 단속해야 한다.

용인(用人)

爲邦在於用人하니 郡縣雖小이나 其用人은 無以異也라
(위방재어용인 군현수소 기용인 무이이야)

해설 나라를 잘 다스리는 일은 사람을 잘 등용하는 데 달렸다. 군현이 비록 작으나 인재를 등용해야 한다는 것은 나라의 경우와 다를 것이 없다.

图 위방：나라를 다스리는 것.

鄕丞者는 縣令之補佐也니 必擇一鄕之善者하야 俾居是職이라
(향승자 현령지보좌야 필택일향지선자 비거 시직)

해설 향승이란 수령의 보좌역이다. 반드시 한 고을 안에서 가장 착한 자를 선택하여 이 직책을 맡겨야 한다.

苟不得人이면 備位而已요 不可委之以庶政이니
(구부득인 비위이이 불가위지이서정)

해설 만일 적임자를 얻지 못한다면 자리나 갖추어 둘 뿐이고 그들에게 여러가지 정사를 맡겨서는 안 된다.

63

風憲約正은 皆鄉丞薦之니 薦非其人者는 還收差帖이니라

해설 풍헌과 약정은 모두 향승이 추천한 것이니 적임자가 아니라면 임명장을 도로 회수해야 한다.

註 차첩：하리의 발령장

軍官將官之立於武班者는 皆桓桓趙趙하야 有禦侮之色이면 斯可矣니라

해설 군관과 장관으로써 무반에 선 자가 모두 굳세고 씩씩하며 외모를 막아낼 만한 기색이 없으면 좋은 것이다.

註 환환：굳센 모양. 규규：씩씩한 모습.

거현(擧賢)

擧賢者는 守令之職이니 雖古今殊制이나 而擧賢不可忘

也_야 니라

해설 현인을 천거하는 것은 수령의 직책이다. 비록 고금이 제도가 다르다 하더라도 어진 이를 천거하는 일을 잊어서는 안 된다.

図 거현…현인을 천거하는 것.
수제…제도를 달리함.

科_과擧_거鄕_향貢_공이 雖_수非_비國_국法_법이나_의 宜_이以_문文_학學_지之_사士로 錄_녹之_지于_우擧_거

狀_장이요 不_불可_가苟_구也_야니라

図 거장…천거하는 글. 추천장.

해설 과거에 응시하는 선비를 수령이 추천하는 비록 국법은 아니지만 마땅히 문학에 능한 선비를 거장에 천거해야 하고 법에 구애할 것이 아니다.

찰물(察物)

牧_목子_자然_연孤_고立_립하야 一_일撠_탑之_지外_외에는 皆_개欺_기我_아者_자也_야라 明_명四_사目_목達_달

四_사聰_총은 不_불唯_유帝_제王_왕然_연也_야니라

해설 목민관은 혼자 고립되어 있으니 침상 밖은 모두 속이려는 자들이다. 사방을 보는 눈을 밝게 하고 사방을 듣는 귀를 통달하게 하는 것은 제왕만이 그런 것이 아니다.

주 찰물…물정을 살핌.
일탑…한 자리.

每孟月朔日에 下帖于鄕校하야 以問疾苦하고 使各指陳
利害니라

해설 사계절의 첫 달 초하룻날에는 향교에 통첩을 내려 백성들의 고통을 묻고 각기 이로운 것과 해로운 것을 지적하여 진술하게 해야 한다.

주 지진리해…이해를 지적해서 말함.

子弟親賓이 有立志端潔하고 兼能識務者어든 宜令微察
民間이라

해설 자제나 친한 빈객으로서 마음을 단정하고 깨끗이 가지며 일을 할 줄 아는 자가 있으면 민간의 일을 미행하여 살피도록 한다.

凡細過小疵는 宜含垢藏疾이니 察察非明也니라 往往發

奸_{하야}其機如神_{이면}民斯畏矣_{리요}

해설 무릇 변변치 않은 과실이나 조그만 흠은 마땅히 덮어 둘 것이니 샅샅이 밝혀내는 것은 밝은 것이 아니다. 덮어 두다가 이따금 간사한 것을 적발하는 것을 기민하기가 신과 같아야 백성들은 비로소 두려워할 것이다.

微行不足以察物_{이며}徒以損其禮貌_{니하나}不可爲也_{니라}

해설 미행하는 것은 물정을 바로 살피기에 부족하고 한갖 위신만 손상하게 되는 것이니 해서는 안 된다.

左右近習之言_을 不可信聽_{이니} 雖若閑話_{라도} 皆有私意

라

해설 좌우에 가까이 있는 사람들의 말을 그대로 믿어서는 안 된다. 비록 쓸데없는 지나가는 말 같지만 그들의 말에는 모두 사사로운 뜻이 포함되어 있는 것이다.

고공(考功)

吏事必考其功이니 不考其功이면 則民不勸이라
(이사필고기공 불고기공 즉민불권)

해설 벼슬아치가 할 일은 반드시 그 공적을 고사해야 하는 것이다. 벼슬아치들이 공적을 고사하지 않으면 백성들이 힘써 일하지 않는다.

㈜ 고공 : 공적을 평가하는 것.

國法所無를 不可獨行이나 然書其功過하야 歲終考功하야 以議施賞이 猶賢乎已也라
(국법소무 불가독행 연서기공과 세종고공 이의시상 유현호이야)

해설 국법에 없는 것을 혼자서 행할 수는 없으나 그 공과를 기록하였다가 연말에 공적을 따져서 상을 주는 일은 오히려 그만두는 것보다 나을 것이다.

六期爲斷하야 官先久任而後에야 可議考功이요 如其不然이면 唯信賞必罰하야 使民信令而已니라
(육기위단 관선구임이후 가의고공 여기불연 유신상필벌 사민신령이이)

해설 임기를 육기로 정하여 수령이 먼저 오래 재임하게 된 뒤라야 고공을 논의할 수 있을 것이다. 만일 그렇게 하지 못한다면 오직 신상 필벌이나 정확하게 하여 백성으로 하여금 명령을 믿게 하는 길이 있을 뿐이다.

호전 육조(戶典六條)

전정(田政)

牧之職五十四條에 田政最難하니 以吾東田法이 本自
未善也라

해설 수령의 직책은 54조 가운데 전정이 가장 어렵다. 이는 우리 나라의 전법이 본래 잘 되어 있지 않기 때문이다.

즉, 우리 나라의 전법은 중국이 면적을 단위로 하는 데 비해 소출을 기준으로 하기 때문에 토지의 비옥을 따지기 어려워 목민관이 행하는 직책 중 가장 어렵다는 것이다.

㊟ 전정:농지에 대한 정치.

時行田算之法에는 乃有方田直田句田梯田圭田梭田

腰鼓田諸名이니 其推算打量之式은 仍是死法이라不可 通用於他田이라

해설 요즈음의 전산법에는 방전·직전·구전·제전·규전·사전·요고전 등의 여러 가지 명목이 있는데 그것을 추산하여 측량하는 방식은 이미 쓸모없는 법이 되어 다른 농지에 통용할 수 없다.

즉, 전지를 산출하여 측량하는 방법은 여러 가지가 있는데 그 소출을 기준으로 하는 견지에서 측량하는 방법이 모두 다르므로 실제로 적용하기엔 쓸모가 없다는 것이다.

図

방전∴정사각형의 밭.
직전∴직사각형의 밭.
구전∴구고전이라고도 하며 직각 삼각형의 밭.
제전∴사다리꼴의 밭.
규전∴이등변 삼각형 모양의 밭.
사전∴베틀의 북모양으로 생긴 밭.
요고전∴사람의 허리처럼 가운데가 절룩한 밭.

改量者는 田政之大擧也니 査陳覈隱하고 以圖苟安호되 如不獲已면 黽勉改量이니 其無大害者는 悉引其舊하고 釐其太甚은 以充原額이라

해설 논밭의 측량을 개량하는 것은 전정의 중대한 일이니 묵은 것을 조사하고 숨은 것을 밝혀내어 구안을 도모하되 제대로 안될 때에는 힘써 고쳐야 한다. 그러나 큰 해가 없는 것은 모두 예전 것을 따르고 피해가 너

70

무 심한 것만을 바로잡아 원액에 충당한다.

즉, 현재의 전제는 잘못되어 있으니 면적을 기준으로 하는 전제로 바꾸어도 측량방법이 아직도 불완전하여 다시 소출기준으로 돌아가는 식이 된다. 그러므로 부득이한 경우에 한하여 개측량을 실시하도록 하되 크게 변동이 없을 때는 예전 것대로 따르고 크게 변동이 있을 때에는 그것만을 바로잡도록 하라는 것이다.

㊂ 여불회이 : 어찌할 수 없는 경우.

원액 : 원래의 정한 수.

田形萬殊로대 方田直田圭田句田梯田之形은 擧其大綱이니 不足憑驗라

해설: 전지의 형상은 천 가지 만 가지로 다르며 방전·직전·규전·구전·제전 등의 형상은 대강만을 열거한 것이다. 그러니 이것을 표준으로 해 산정할 수는 없다.

즉, 다양한 모양의 농지를 측량하는 법은 실은 모두 직전의 계산방법을 이용한 것으로 그 방법은 실로 정확한 것이 못된다는 것이다.

量田之政은 唯先得人이라야 乃可議也라

해설: 전지를 측량하는 법은 오직 먼저 적임자를 얻어야 논의할 수 있는 것이다.

즉, 전지를 새로이 측량할 경우에는 사전에 유능한 인재를 구해서 진행시켜야 한다는 것이다.

畿田雖瘠이나 本旣從輕이요 南田雖沃이나 本旣從重이니 凡

其負束은 悉因其舊니라

해설: 경기의 전지는 비록 메마르나 본래 전세를 가볍게 정했고 남쪽 지방의 전지는 비록 비옥하나 전세를 본래 무겁게 정한 것이니 모든 부속의 수량은 옛것을 따라야 한다.

즉, 옛날에 정한 전세의 등급은 현재 시행되는 토지의 비옥함과 척박함에 따라 정한 것이니 전세도 이를 따라야 할 것이다.

唯陳田之遂陳者는 明其稅額過重이니 不可不降等也니라

해설: 묵은 밭을 그대로 묵혀 버린 전지는 그 세액의 과중함이 분명하니 전지의 등급을 강등하지 않을 수 없다.

즉, 밭이 오래 묵은 데에는 여러 가지 이유가 있겠지만 만일 세금의 부담이 과중한 데 그 원인이 있다면 세금을 가볍게 하여 경작을 권하는 결과를 가져오게 할 것이다.

陳田降等이면 字號遷變하야 民將多訟하니 凡其變者는 悉給牌面이니라

해설: 묵은 밭의 등급을 낮추면 자호가 변경되므로 장차 백성의 송사가 많을 것이니 무릇 그 자호가 변경된 것은, 증명서를 발급하여야 한다.

즉, 묵은 밭의 등급을 낮추었을 때 생기는 폐단을 막기 위한 장치를 해야 한다는 것이다.

總之量田之法은 莫善於魚鱗爲圖하야 以作方田이나 須
有朝令이라야 乃可行也니라

해설 전지를 측량하는 법은 〈어린도〉로 하여 방전을 만드는 것보다 더 좋은 것이 없다. 모름지기 조정의 명령이 있어야 행할 수 있는 것이다.

즉, 중국의 송·명 시대에는 어린도책이라 해서 토지대장에 전지를 고기 비늘 모양으로 그려서 표시하였는데 전지를 측량할 때는 이 법을 따르는 것이 가장 좋은 것이다.

㈜ 총지:총체적으로 말해서.

査陳者는 田政之大目也라 陳稅多冤者는 不可不査
陳也니라

해설 묵힌 전지를 조사하는 것은 전정의 큰 조목이다. 묵힌 밭에 세를 부과하면 원망이 많은 것이니 묵힌 밭을 조사하지 않을 수 없다.

즉, 묵은 밭을 조사하는 것을 게을리하면 아전들이 농간을 부려 은결(토지대장에 올리지 않는 전지)이 생기게 되어 백성들이 피해를 입고 국가 재정에 영향을 입게 되므로 해마다 행하는 것이 중요하다.

陳田起墾은 不可恃民이요 牧宜至誠勤耕하고 又從而助

㈜ 다원:원통함이 많음.

73

해설 진전을 기간하는 일을 백성의 힘만 믿어서는 안 된다. 수령은 마땅히 정성껏 경작하기를 권유하고, 또

따라서 그것을 조력해 주어야 한다.

즉, 옛날의 훌륭한 수령은 반드시 소를 빌려 주고 식량을 도와 주어서 백성에게 진전의 경작을 권했다.

原田之税于公者(원전지세우공자)는 歲減月縮(세감월축)하야 將若之何也(장약지하야)리요

隱結餘結(은결여결)은 歲增月衍(세증월연)하고 宮結屯結(궁결둔결)은 歲增月衍(세증월연)하며 而(이)

해설 은결·여결은 달마다 해마다 늘어나고 궁결이나 둔결도 달마다 해마다 늘어나며, 국가에 세금으로 내
는 원전은 달마다 해마다 줄어드니 장차 이를 어찌할 것인가.

즉, 은결·여결 등 탈세 행위가 날로 늘어나고 궁전·둔전이 해마다 증가하여 국가의 세입이 날로 줄어들
고 있음을 지적하며 국가의 앞날을 개탄하고 있다.

㉠ 은결 : 토지대장에 올리지 않고 사사로이 경작하는 전지·토지 소유자나 경작자가 숨기기도 하지만 관리들
이 숨겨서 세금을 착복하는 경우가 많음.

여결 : 토지대장에 실려 있지 않은 결수로 은결과 다른 점은 토지조사 때 실지보다 적게 기입으로써 생
긴 차액임.

궁결 : 각 궁에 하사한 결세로 후비·왕자·대군·옹주 등의 궁방의 경비에 충당되었음.

둔결 : 지방 관청의 경비나 군량 충당을 위해서 하사한 결세.

세법(税法)

74

田制旣然（전제기연）하니 稅法隨紊（세법수문）하야 失之於年分（실지어년분）하고 失之於黃豆（실지어황두）하야 而國之歲入無幾矣（이국지세입무기의）라

해설　전지의 제도가 이미 그러하니 세법 또한 문란하다. 연분에서 잃어버리고 황두의 수납에서 잃어버리니 나라의 세입이 얼마되지 않는다.

즉, 전지의 단위가 소출을 기준으로 되기 때문에 부과하는 과정에 혼란이 빚어지고 국가의 손실을 가져오고 밭에 대한 세금도 황두 대신 황두 두 말에 대해서 쌀 한 말을 내는 법을 적용시키고 있기 때문에 국가의 손실을 불러와 국가 세입에 큰 결함을 가져온다는 것이다.

㊒ 연분 : 농작물의 작황에 따라서 전세의 율을 매년 정하는 것.

執災俵災者（집재표재자）는 田政之末務也（전정지말무야）라 大本旣荒（대본기황）하고 條理皆（조리개）
亂（란）하니 雖盡心力（수진심력）면 爲之（위지）라도 無以快於心（무이쾌어심）이라

해설　집재니 표재니 하는 것은 전정의 말단의 임무이다. 큰 근본이 이미 거칠어졌기 때문에 조리가 모두 문란한 것이다. 비록 심력을 다하더라도 마음에 쾌하게 될 수는 없다.

즉, 재해를 조사하고 조세를 감면하는 일은 전정의 말단 사무이면서도 극히 어려운 일이다. 돈을 받고 부자집의 풍작된 전지를 거짓 재해지로 보고하고 그 세를 재해를 입은 가난한 백성들의 전지에 전가하는 농간이 생기니 수령 혼자 힘으로는 어쩔 수 없게 되는 것이다.

㊒ 집재…재난을 조사함.
표재…재해 입은 전지의 조세를 감하는 것.

76

書員出野之日에 召至面前하야 溫言以誘之하고 威言以怵之하야 至誠惻怛하야 有足感動이면 則不無益矣리오

해설 아전이 재해 조사를 위하여 들에 나가는 날 수령이 면전에 불러놓고 온화한 말로 타이르고 위협하는 말로 겁내게 하면서 진심으로 백성을 가엾게 여기고 슬퍼함이 그를 감동시키기에 넉넉한 바 있게 한다면 유익함이 없지 않을 것이다.

즉, 아전이 재해를 조사하러 나갈 때에 지성으로 타이르고 공정한 조사를 당부하기도 하고 농간이 있을 때에는 엄중히 처벌하겠다고 위협하기도 해서 상대방으로 하여금 양심에 비추어 조사를 진행시키도록 한다.

㈜
서원..아전의 하나
측달..슬프다는 뜻인데 여기서는 지극히 간절함을 말함.

大旱之年에 其未移秧踏驗者는 宜擇人以任之니라

해설 큰 가뭄이 있는 해에 아직도 이앙하지 못한 논을 답사할 때에는 마땅히 사람을 가려서 그 일을 맡겨야 한다.

즉, 큰 가뭄이 든 해는 그 이앙하지 못한 전지를 답사할 때 관속을 보내면 부정이 생기기 쉬우니 따로 사람을 선택해서 일을 맡기도록 하는 것이 좋다는 것이다.

㈜ 이앙..모내는 것.

其報上司는 宜一遵實數이니 如或見削이면 引咎再報니라

해설 상사에게 보고할 때에는 마땅히 실제 숫자대로 해야 하며 만일 삭감을 당하게 되면 인책을 각오하고 절대로 거듭 보고해야 한다. 즉, 재해조사를 끝마치고 상사에게 보고하고 할 때 흔히 삭감당할 것을 전제하고 숫자를 늘리려 하는데 이것은 수령이 할 일이 못되니 실수대로 보고하고 그것을 불신한다면 책임을 지고 다시 보고하는 자세를 가져야 한다는 것이다.

囝 견삭: 깎임을 당하는 것.

俵災亦難矣이니 若其所得이 少於所執이면 平均比例各 減幾何니라

(표재역난의 · 약기소득 · 소어소집 · 평균비례각 · 감기하)

해설 표재도 또한 어려운 것이다. 만약 인정받은 감세액이 고을에서 조사한 액수보다 적을 때에는 비례대로 평균하여 각각 얼마씩을 감하도록 한다. 즉, 재해 때문에 얻는 바가 규정의 수량에 도달하지 않을 때에는 비례법을 써서 재해 감면을 균등하게 조정해야 한다는 것이다.

囝 소집: 내가 인정한 것.

俵災旣了면 乃令作夫하야 其移來移去는 一切嚴禁하고
其微米之簿는 許令從便이니

(표재기료 · 내령작부 · 기이래이거 · 일체엄금 · 기미미지부 · 허령종편)

해설 표재가 이미 끝났으면 곧 작부에게 명령하여 그들의 이사오고 이사가는 것을 일체 엄금하도록 하고 세미를 징수하는 장부를 편리한 방법을 따르도록 허락한다.
즉, 재해 감면이 타결되면 작부를 선정하고 탈세 방지를 위해 납세 의무자들의 이동을 엄금하도록 하고 작

부가 세미를 징수하는 데 있어서는 납세자들의 비용을 줄이는 견지에서 편리한 방법을 취하는 것은 허용한다.

㈜ 작부··여덟 결을 일 부라 하고 그 중의 한 사람을 호수로, 세워 그 여덟 결에 대한 세미를 징수하게 하는 장.

奸吏猾吏가 潛取民結하야 移錄於際役之村者는 明査 嚴禁라

간리 활리 잠취 민결 이록어 제역지 촌자 명사 엄금

해설 간사한 아전이나 교활한 아전이 몰래 민결을 따서 제역촌으로 옮겨 기록한 것은 명백하게 조사하며 엄금하도록 한다.

즉, 아전들이 주거를 옮기면서 세미를 징수하여 착복하거나 매매하는 행위를 막기 위해서 아전들의 이동 또한 엄금해야 한다는 것이다.

㈜ 활리··교활한 아전.
제역촌··요역이 면제된 마을.

將欲作夫는 先取實戶하야 別爲一冊하야 以充王税之額라이니

장욕 작부 선취 실호 별위 일책 이충 왕세지액

해설 장차 작부를 구성하려고 할 때에는 먼저 충실한 민호를 골라서 따로 한 책을 만들어 국세의 액수에 충당해야 한다.

즉, 작부를 선정하기 전에 먼저 부유한 백성들을 조사하여 따로 장부를 만들어 놓고 국세의 정액이 부족할 경우에는 그들로 하여금 이를 충당케 한다.

㈜ 실호··넉넉한 집.

78

作夫旣畢이면 乃作計版하며 計版之實은 密察嚴覈이니

해설 작부를 이미 마쳤으면 곧 계판을 만들어야 하며 계판의 내용은 세밀하게 살피고 엄중히 밝혀야 한다.

즉, 작부를 끝마치면 곧 계판을 작성하게 되는데 그 내용을 분명하게 밝혀야 한다.

주 계판: 세액의 비율을 정하는 것

計版旣成이면 條列成冊하야 頒于諸郷하야 俾資後考니라

해설 계판이 이미 이루어졌으면 조목조목 열거하여 책을 만들어 여러 마을에 나누어 주어서 후일에 참고삼게 해야 한다.

즉, 백성들이 계판을 받아보면 정수하는 세금의 명목을 알게 되니 반드시 계판을 반포하여 다음날 참고자료로 만들도록 하라는 것이다.

計版之外에 凡田役尙多니라

해설 계판에 기록된 것 이외에도 모든 전역은 아직도 많다.

즉, 계판에 나오는 세금을 빼고도 그밖에 내는 전역이 얼마든지 있다. 이처럼 부세가 무거우니 백성들이 어떻게 살 수 있겠는가.

故羨結之數를 不可不定이니 結總旣羨이면 田賦稍寬矣니라

79

注 해설 그러므로 선결의 수를 정하지 않을 수 없다. 결총에서 이미 남으면 전부는 다소 관대해도 좋을 것이다.

즉, 목민관은 아전들의 침탈을 극력 방지함으로써 조금이라도 민폐를 덜도록 최선을 다해야 한다는 것이다.

선결…토지대장에 기재된 이외의 전결·은결·여결·위결 따위

결총…전결의 총체

전부…논밭에 대한 부세

正月開倉에 其輸米之日에는 牧宜親受니라

해설 정월에 창고를 열고 세미를 수납하는 날에는 수령이 마땅히 몸소 받아 들이는 것이 좋을 것이다.

즉, 정월에 창고를 열며 백성들이 세미를 수납할 때에는 수령이 몸소 창고로 나와서 이를 받아들여 아전의 농간을 막아야 한다.

將開倉에 榜諭倉村하야 嚴禁雜流니라

해설 창고를 열려고 할 때에는 창고가 있는 마을에 방을 내걸어 잡류를 엄금한다.

즉, 남사당패·기생·주모·광대 등의 잡류가 접근해 사람들이 유혹에 빠져 돈을 낭비하는 일이 없게 하여 농간의 여지를 미리 막아야 한다는 것이다.

雖民輸愆期라도 縱吏催科면 是猶縱虎於羊欄이니 必不可爲也니라

해설 비록 백성이 납기의 기한을 어겼다 하더라도 아전을 풀어서 독촉한다면 마치 범을 양의 우리에 풀어넣는 것과 같으니 반드시 해서는 안된다.

80

즉, 세미를 걷는 끝판에 가서 아전·교졸을 풀어 민가를 수색하며 납세를 독려하는 것은 백성을 괴롭히는
일이니 하지 말라는 것이다.

其裝發漕轉은 並須詳檢法條하야 恪守毋犯이니

해설　장발과 조전은 모두 모름지기 법조문을 자세히 검토하여 엄격히 지켜서 범하지 않도록 해야 한다.
즉, 배에 싣는 것에는 금지조례가 엄격함에도 범하는 자가 많으니 철저하게 검사해야 한다는 것이다.

図　장발··실어 보내는 것.
조전··배로 운반하는 것.

宮田屯田의 其剝割太甚者는 察而寬之니라

해설　궁전·둔전의 그 껍질을 벗기는 것이 심한 것은 살펴서 너그럽게 해주어야 한다.
즉, 부정에 의한 피해가 심한 것은 밝혀내어 백성들의 고통을 덜어주어야 한다는 것이다.

南北異俗하니 凡種稅는 或田主納之하고 或佃夫納之하니
牧惟順俗而治하야 俾民無怨이라

해설　남쪽지방과 북쪽지방은 풍속이 달라서 종자와 세를 혹은 지주가 부담하고 혹은 소작인이 부담한다. 수
령은 오직 그 지방의 풍속에 순응하여 처리해서 백성으로 하여금 원망하는 일이 없게 해야 한다.

図　전부··소작인, 경작자.

西北及關東畿北은 本無田政하니 惟當按籍以循例요

無所用心也니라

해설 서북·관동·경기의 북쪽은 본래 전정이 없는 것이니 오직 농지대장을 살펴서 전례대로 따를 것이며 마음을 쓸 것이 없다.

즉, 서북이나 기북·관동지방의 관례가 좋음을 얘기하고 있다.

火粟之税는 按例比總이요 唯大饑之年에는 量宜裁減하며

大敗之村은 量宜裁減라이니

해설 화전의 세곡은 관례에 따라서 총수와 비교하고 오직 큰 기근이 든 해에는 재량해서 감해 주며 크게 패산한 마을에는 재량해서 감해 주어야 한다.

즉, 화전은 급한 벼랑이나 높은 언덕을 개간해서 부치는 땅이니 결·무·밭이랑 등을 가지고 계산할 수도 없으니 오직 관례에 따라 총수에 의해 징수할 것이나 흉년에는 감액해야 한다는 것이다.

還上者는 社倉之一變이요 非糶非糴이며 田賦之外에 又

一大賦로 爲生民切骨之病이니 民劉國亡이 呼吸之事也니라

해설 환상이란 사창이 변한 것이다. 파는 것도 사들이는 것도 아니요, 전세 이외에 또 하나의 큰 부세가 되어서 생민의 뼈를 깎는 병폐로 되어 있으니 이러다간 백성이 죽고 나라가 망하게 되는 것이 눈앞의 일이 된다.

즉, 환상의 법을 만든 뜻은 백성들의 식량 문제를 해결하고 국가의 비용을 충족시키기 위함이었는데 위아래의 농간에 의해 백성들의 뼈를 깎는 무서운 병폐로 되었으니 이를 시정하지 않는다면 백성들이 죽어가고 나라가 망하는 무서운 결과를 초래할 것이다.

㈜ 사창 : 정부 곡식을 봄에 나누어 주고 가을에 이자를 붙여 받아들이는 것.
환상은 관에서 경영하는 것이라면 이것은 민간에서 자치적으로 하는 것임.

還上之所以弊는 其法本亂也라 本之旣亂은 何以末治리요

해설 환상이 병폐가 되는 것은 그 법이 본래 문란하기 때문이다. 그 근본이 이미 어지러운데 어찌 그 말단이 다스려질 수 있겠는가.
즉, 환상이 이같은 폐단을 초래하게 된 것은 그 법이 명확하지 못하고 구멍이 많아 농간을 부리기 쉽기 때문이니 어찌 그것이 제대로 다스려지기를 기대할 수 있겠는가.

上司貿遷하야 大開商販之門하니 守臣犯法은 不足言也

라

해설 상사가 옮겨다 팔아서 크게 장사하는 길을 열고 있으니 수령이 법을 범하는 것은 더 말할 나위도 없다.

즉, 감사가 녹봉이 적지도 않은데 사욕을 채우려고 곡식으로 장사를 하는데 다른 사람이야 더 말해서 무엇하겠냐는 것이다.

라

守臣飜弄하야 竊其贏羨之利하니 胥吏作奸은 不足言也라
(수신번롱 절기영선지리 서리작간 부족언야)

圖 번롱 : 농간을 부리는 것.

해설 수령이 농간을 부려 그 남는 이익을 챙겨 먹으니 아전들이 협잡하는 것은 말할 나위도 없다.

즉, 수령들도 환상을 농간하여 많은 이익을 보니 아전들이 작간해서 사복을 채우는 건 당연한 일로 되어 있다.

上流旣濁이니 下流難淸이라 胥吏作奸은 無法不具하고 神姦鬼猾하야 無以昭察이라
(상류기탁 하류난청 서리작간 무법불구 신간귀활 무이소찰)

해설 윗물이 이미 흐리니 아랫물이 어찌 맑을 수 있겠는가. 아전들이 협잡하는 것은 방법을 갖추지 않은 것이 없어 귀신 같은 농간을 밝혀낼 길이 없는 것이다.

즉, 윗물이 흐리면 아랫물이 맑지 못함은 당연한 이치이다. 아전들의 작간은 방법이 교묘하기 그지없어 아무리 현명한 수령이라도 그 부정을 가려내기 힘들 것이라는 뜻이다.

弊至如此하니 非牧之所能救也라 惟其出納之數는 分

留之實하야 牧能認明하면 則吏橫未甚矣니라

해설 폐단이 이에 이르면 수령이 구제할 수 있는 일이 아니다. 다만 출납의 수량과 나누어 준 것과 남아 있는 것의 실수만 수령이 밝게 알고 있으면 아전들의 횡포가 덜 심할 것이다.
즉, 지금은 환곡의 병폐가 너무 깊어 수령의 힘만으로는 바로잡기 어렵게 되어 있다. 환곡의 출납에 대해 서 세심히 살펴 아전들의 횡포를 방지하는 데 힘쓰도록 할 것이다.

囹 인명 :: 정확하게 파악하는 것

若夫團束簡便之規는 惟有經緯表一法하니 眉列掌視

하야 瞭然可察이라

해설 무릇 단속을 간편하게 하는 방법은 오직 경위표를 작성하여 눈앞에 늘어놓고 손바닥을 보듯이 환하게 살필 수 있도록 하는 것이다.
즉, 아전의 부정을 단속하는 간단한 방법으로는 경위표를 만들어 두어 창고의 출납과 그밖의 것들을 일목 요연하게 알 수 있게 하는 것이다.

頒糧之日에 其應分應留를 査驗宜精하고 須作經緯表

하야 瞭然可察이라

해설 양곡을 나누어 주는 날에는 응당 나누어 주어야 할 것과 남겨 둘 것은 마땅히 정밀하게 점검해야 할 것이며, 모름지기 경위표를 작성하여 분명하게 살피도록 해야 한다.

즉, 수령이 총명하게 처리한다면 나누어 준 것과 남아 있는 것의 실수를 속일 수는 없을 터이니 꼭 경위표를 작성하도록 한다.

凡(범)還(환)上(상)은 善(선)收(수)而(이)後(후)에 方(방)能(능)善(선)頒(반)이니 其(기)收(수)未(미)善(선)者(자)는 又(우)亂(란)一(일)年(년)하야 無(무)救(구)術(술)也(야)니라

해설 무릇 환상이라는 것은 잘 거두어 들인 후에야 분배도 잘 할 수 있는 것이니 그 거두어들이는 것을 잘 못한다면 또 일 년이 문란하게 되어 구제할 길이 없을 것이다.

즉, 환곡의 수납에 철저하게 신경써야 한다는 것이다.

其(기)無(무)外(외)倉(창)者(자)는 牧(목)宜(의)五(오)日(일)一(일)出(출)하야 親(친)受(수)之(지)하고 如(여)有(유)外(외)倉(창)은 唯(유)開(개)倉(창)之(지)日(일)에 親(친)定(정)厥(궐)式(식)이라

해설 외촌에 창고가 없는 데서는 수령이 마땅히 3일에 한번씩 창고에 나와서 친히 받을 것이며 외창이 있을 때에는 다만 창고를 열고 수납을 시작하는 날에만 친히 나가서 수납의 방식을 정해 주어야 한다.

凡(범)還(환)上(상)者(자)는 雖(수)不(불)親(친)受(수)라도 必(필)當(당)親(친)頒(반)이요 一(일)升(승)半(반)龠(약)을 不(불)

즉, 환곡의 수납 때는 목민관이 친히 나가서 아전들의 농간을 막아야 한다는 것이다.

宜使鄉丞代頒(의사향승대반)이요 巡分之法(순분지법)은 不必拘也(불필구야)니라

해설 무릇 환상이란 비록 친히 받아들이지는 못하더라도 나누어 줄 때는 반드시 친히 나누어 주어야 하며 한
되, 만 흡이라도 향승을 시켜 대신 나누어 주게 해서는 안된다. 몇 번에 나누어 분배하라는 법에 반드시 구
애될 필요는 없다.
즉, 창고가 많아 일일이 수령 자신이 수납할 수 없으나 분배만은 반드시 수령이 해야 한다는 것이다.

凡欲一舉而盡頒者(범욕일거이진반자)는 宜以此意(의이차의)하야 先報上司(선보상사)니라

해설 무릇 한 번에 다 나누어 주고자 할 때에는 마땅히 이 뜻을 먼저 상사에게 보고해야 한다.
즉, 백성을 편하게 하는 정치라면 법에 구애될 것은 없으나 상부에 보고는 해야 한다는 것이다.

收糧過半(수량과반)하야 忽有糶錢之令(홀유조전지령)이면 宜論理防報不可奉行(의론리방보불가봉행)
이라

해설 양곡으로 수납한 것이 반도 넘었는데 문득 돈으로 환산해 받으라는 명령이 있다면 마땅히 사리를 따져
서 시행할 수 없음을 보고해야 한다.
즉, 모든 백성에게 이해가 균등하도록 일을 처리해야 한다는 것이다.

災年之代收他穀者(재년지대수타곡자)는 別修其簿(별수기부)하야 隨即還本不可久(수즉환본불가구)

해설 양곡으로 수납한 것이 반도 넘었는데 문득 돈으로 환산해 받으라는 명령이 있다면 마땅히 사리를 따져

也야
니라

해설 재해가 든 해에 다른 곡식을 대신 수납한 것은 따로 장부를 만들어 놓고 곧 본래의 곡식으로 돌릴 것이며 오래 그대로 두어서는 안된다. 즉, 여러 곡식을 서로 바꾸는 것은 어지러움의 근본이니 부득이한 경우 이외에는 경솔히 용납해서는 안된다는 것이다.

其有山城之穀은 爲民痼瘼者니 蠲其他徭하야 以均民役이니라

해설 산성에 두는 곡식은 백성의 고통이 되는 것이니 그 백성들에게는 다른 노역을 면제해 주어 백성의 노역을 고르게 해야 한다. 즉, 곡식을 산성까지 실어 가는 노동력이 큰 것이니 다른 노역을 덜어주어야 한다는 것이다.

其有一二士民이 私乞倉米를 謂之別還이니 不可許也니라

해설 한두 사람의 사민이 사사로이 창미의 대부를 비는 것을 별환이라고 하는데 이를 허락해서는 안된다. 즉, 수령의 명령을 듣지 않는 부호의 집이 있는데 이들이 여러 명목으로 곡식을 빌어다 놓고 쓰는데 수령된 자는 이런 것을 용서해서는 안된다.

歲時頒糧은 惟年荒穀貴라야 乃可爲也니라

해설 세시에 양곡을 나누어 주는 일은 오직 흉년이 들어 곡식이 귀할 때에만 해야 한다.

其或民戶不多호되 而穀簿太溢者는 請而減之요 穀簿太少하야 而接濟無策者는 請而增之니라

해설 혹 민호가 많지 않은데 환곡의 정액이 너무 넘치는 것은 청하여 감액하고 환곡의 정액이 너무 적어서 접수하여 구제할 길이 없는 것은 청하여 이를 늘이도록 해야 한다.

外倉儲穀은 宜計民戶하야 使與邑倉으로 其率相等하야 不可委之下吏요 任其流轉이니

해설 촌 밖의 창고에 저장하는 환곡은 반드시 백성의 집 호수를 계산하여 읍내에 있는 창고의 저장량과 그 비율을 맞게 해야 하며 아래 아전에게 맡겨 제 마음대로 융통하도록 해서는 안된다.

凶年停退之澤은 宜均布萬民이요 不可使逋吏專受也

해설 흉년에 정퇴의 혜택은 마땅히 만민에게 고르게 펴야 하며, 즉, 아전이 창곡의 곡식을 마음대로 옮기게 하면 농간과 협잡이 생긴다는 뜻이다.

해설 흉년에 환곡의 회수를 연기해 주는 은혜는 마땅히 모든 백성에게 고루 베풀어야 하며 포흠한 아전에게 독차지하도록 해서는 안된다. 즉, 매우 큰 흉년이 들고 그 가운데서도 본 고을이 더욱 심하다면 금년 겨울에는 환곡회수 연기의 명령이 있은 것을 짐작할 수 있다.

吏逋不可不發이나 徵逋不可太酷이요 執法宜嚴峻이나 慮囚宜哀矜이니라

(이포불가불발, 징포불가태혹, 집법의엄준여, 수의애긍)

해설 아전의 포흠은 적발해야 한다. 포흠징수를 혹독하게 해서는 안된다. 법처리는 준엄해야 하지만 죄수는 가엾게 여겨야 한다.

즉, 포흠된 곡식을 거둘 때는 우선 범인의 재산을 조사하여 그 전답, 우마, 의복, 농기구 따위를 몰수한 후 죄의 사안을 정해야 한다는 뜻이다.

每四季磨勘之還이나 其回草成帖者는 詳認事理하야 不可委之於吏手니라

(매사계마감지환, 기회초성첩자, 상인사리, 가위지어리수)

해설 사계절의 끝마다 마감한 환상과 그것에 대한 회보의 성안은 마땅히 수령이 사리를 따져 자세히 알아야 하며 아전에게 맡겨서는 안된다.

즉, 아전의 부정을 단속하는 간단한 방법으로 경위표를 세밀하게 작성하여 언제든지 내용을 명확히 파악하고 있어야 한다는 것이다.

호적(戶籍)

戶籍者는 諸賦之源이며 衆徭之本이니 戶籍均而後賦役
均이라

해설 호적이란 모든 세금을 매기는 근거이며 부역의 근본이다. 호적이 바르게 정비된 후라야 세금과 부역이 고르게 된다.
즉, 호적이 잘 정비돼 있어야만 인구실태를 정확하게 파악할 수 있기 때문에 세금과 부역 부과에 공정을 기할 수 있다는 뜻이다.

戶籍貿亂하야 罔有綱紀이니 非大力量이면 無以均平이라

해설 호적이 문란하면 기강을 세울 수 없다. 한번 문란해지면 큰힘을 들여야만 호적을 바로잡을 수 있게 된다.
즉, 수십년 이래 기강이 퇴폐하고 탐관오리의 횡포가 극에 달해 호적을 바로 잡는 일의 어려움을 설명한 내용이다.

將整戶籍이면 先察家坐하야 周知虛實하고 乃行增減이니 家

坐之簿를 不可忽也니라

해설 장차 호적을 정리하려면 먼저 가좌를 살펴 허와 실을 파악한 후 증감을 행해야 하므로 가좌의 장부를 소홀히 해서는 안된다.

図 가좌∷집이 않은 자리.

戶籍期至면 乃據此簿하야 增減推移하야 使諸里戶額으로 大均至實하야 無有虛僞니라

해설 호적 개정의 시기가 오면 이 가좌부를 근거로 증감하고 추이하여 모든 고을의 호구실태에 정확을 기함으로써 허위사실이 없도록 한다. 즉, 호적을 재조정하는 기한이 이르렀을 때마다 평소에 면밀하게 조사 기록된 가좌부를 토대로 호적정비에 완벽을 기하여 억울한 일이 없도록 해야 한다는 뜻이다.

新簿旣成이면 直以官令으로 頒總于諸里하야 嚴肅立禁令하야 無敢煩訴니라

해설 새 호적부가 만들어지면 관의 명령으로 이를 모든 고을에 나누어 준다. 그리고 엄숙히 금령을 세워 감히 번거로운 소송을 하지 못하도록 한다. 즉, 새 장부가 마련되면 여러가지 명령을 내려 경솔하게 관을 상대로 제소하지 못하게 하여 기강을 확립한다는 뜻이다.

若烟戶衰敗하야 無以充額者는 論報上司하야 大饑之餘

가 十室九室하야 無以充額者라도 論報上司하야 請減其額

이라

해설 만일 백성의 집 숫자가 줄어들어 원래의 호수를 채울 수 없을 때는 이유를 논술하여 윗사람에게 보고하고 또 큰 흉년이 들어 열 집에 아홉 집이 빈집이 되어 원래의 호수를 채울 수 없을 때도 이유를 논술하여 상사에게 보고하고 호수의 감액을 청구해야 한다.

즉, 마감한 숫자는 많고 실제 부과할 숫자가 적으면 과중한 부역을 강요하게 되므로 이런 경우에는 사정을 진술해서 감액을 요구한다는 뜻이다.

若夫人口之米와 正書之租는 循其舊例하야 聽民輸納

하고 期餘侵虐은 並宜嚴禁이니

해설 만약 인구에 대한 수수료 쌀과 정서의 수수료 벼는 관례에 따르도록 하여 백성이 수납하는대로 들어 주고 그 밖의 침탈행위는 모두 엄금해야 한다.

남쪽 지방의 예를 들면 인구미는 1인당 1되, 인정전은 호당 2푼, 정서조는 호당 벼 1말씩을 받는다.

增年者와 減年者와 冒稱幼學者와 僞戴官爵者와 假

稱鰥夫者(칭환부자)와 詐爲科籍者(사위과적자)는 並行査嚴(병행사엄)이라

해설 나이를 보태거나 줄인 자, 유학을 사칭한 자, 관작을 꾸며댄 자, 홀아비라고 가칭한 자, 과적을 속인 자는 모두 조사하여 엄하게 다스려야 한다.
즉, 개인의 명예나 이익을 꾀하기 위해 나이를 늘리거나 줄인 자, 없는 관직을 신고한 자, 과거에 합격한 사실이 없이 과적을 꾸며 넣은 자 등을 조사하여 호적의 관련 기재사항을 삭제해야 한다는 뜻이다.

㋺ 유학…벼슬하지 아니한 유생.
과적…과거에 합격한 문서.

凡戶籍事目之自巡營例關者(범호적사목지자순영례관자)는 不可布告民間(불가포고민간)이니

해설 무릇 호적에 대한 사항으로서 순영으로부터 관례에 따라 넘어온 것을 민간에 선포하는 것은 좋지 않다.
즉, 호적에 대한 사항은 법전에 자세히 기재되어 있는데 어느 죄는 곤장 1백 대, 어떤 죄는 도 3년 등으로 되어 있기 때문이다.

戶籍者(호적자)는 國之大政(국지대정)이니 至嚴至精(지엄지정)이라 乃正民賦(내정민부)니 今慈(금자)
所論(소론) 以順俗也(이순속야)니라

해설 호적은 나라의 큰 정책이니 매우 엄중하고 정밀해야만 백성의 세금·부역 부과가 바르게 될 것이다. 이제 여기서 논하는 것은 풍습을 좇기 위한 것뿐이다.

평부(平賦)

賦役均者는 七事之要務也니 凡不均之賦는 不可徵
이요 錙銖不均이면 非政也라

해설 세금과 부역 부과를 고르게 하는 것은 수령의 모든 정치 가운데 가장 중요한 임무이다. 무릇 공정하지 못한 부과로 터럭만큼이라도 징수해서는 안된다. 조금이라도 공정하지 않다면 정치가 아니다.

田賦之外에 其最大者民庫也이니 或以田賦나 或以戶
賦로 費用日廣이면 民不聊生이라

해설 밭을 기준으로 부과하는 세금인 전부 이외에 가장 큰 부담이 되는 것은 관청의 임시 비용으로 쓰기 위해 백성들로부터 곡식이나 돈을 거둬들이는 민고이다. 전부로 부과하거나 호부로 부과하는 비용은 날로 늘어나니 백성들은 살아나갈 수가 없다.

민고의 폐단이 생기는 원인은 두가지가 있다. 하나는 감사가 멋대로 만든 것, 하나는 수령이 탐욕을 채우기 위한 것이다.

圖 전부 : 전결을 표준으로 한 부과.

民庫之例는 邑各不同하니 其無節制하고 隨用隨斂者는

其瘼民尤烈이라

해설 민고의 예는 고을마다 각각 다르고 아무런 절제도 없다. 필요한대로 수시로 거둬들임으로써 백성을 더욱 못살게 하는 것이다.

修其法例하고 明其條理하야 與民偕遵守之如國法이면 乃

有制也리오

해설 그 법례를 다듬고 조리를 맑게 하여 백성과 함께 국법을 지키는 것과 같이 해야 비로소 절제가 있게 될 것이다. 즉, 조리가 분명하고 공정해야 백성들에게 국법과 같이 받아들여질 수 있다는 뜻이다.

契房者는 衆弊之源이요 群奸之竇이니 契房不罷면 百事

無可爲也니라

해설 계방이란 것은 온갖 폐단의 근원이요, 간사한 무리들의 소굴이다. 계방을 없애지 않고는 어떤 일도 별 도리가 없을 것이다.

96

廝査宮田하고 廝査屯田하고 廝査校村하고 廝査院村하야 凡
厥庇隱하고 踰其所佃던이어 悉發悉敷하야 以均公賦니라

해설 궁전·둔전·교촌·원촌 등을 조사하여 사실과 달리 은닉한 부분이 그 전지를 경작할 만한 호수를 초과할 때에는 모조리 들추어내서 공부를 고르게 할 것이다.

즉, 궁전·둔전·교촌·원촌 같은 데도 사찰하여 부정 방지에 힘써야 한다는 것이다.

[주] 궁전 : 각 궁에 소속된 토지

둔전 : 주둔해 있는 군인들이 자급자족을 위해서 경작하는 토지.

교촌 : 향교가 있는 마을.

원촌 : 공무로 여행하는 관리들이 유숙하는 곳이 있는 마을.

廝査驛村하고 廝査站村하고 廝査店村하고 廝査倉村하야 凡
厥庇隱하고 非中法理어든 悉發悉敷하야 以均公賦니라

해설 역촌·참촌·정촌·창촌 등을 조사해서 무릇 은닉한 것이 법리에 어긋나는 것이 있거든 모조리 들추어내어 공부를 고르게 할 것이다.

즉, 요역을 행하지 않게 되어 있는 데에 딴 사람이 끼어들어 세금을 포탈하려 하는 것을 막아야 한다는 것이다.

[주] 점촌 : 도자기·철기·토기 등 그릇을 만드는 공장이 있는 마을.

장촌 : 관청의 창고가 있는 마을.

結斂不如戶斂이니 結斂則本削이요 戶斂則工商苦焉이니
遊食者苦焉이 厚本之道也니라

해설 결렴은 호렴만 같지 못하니 결렴은 근본이 꺾이고 호렴은 공인·상인을 괴롭힌다. 놀고 먹는 자를 괴롭히는 것이 근본을 후하게 하는 길일 것이다.
즉, 사람들은 경지가 없는 경우는 있어도 집이 없는 자는 없으니 백성의 집을 대상으로 세금을 부과함이 옳은 것이다.

図 결렴: 농지면적에 의해 곡식이나 돈을 거둬들이는 것.
호렴: 각 호당 얼마씩 거둬들이는 것.

米斂不如錢斂이니 其本米斂者는 宜改之爲錢斂이니

해설 쌀로 거두는 것은 돈으로 거두는 것만 못하다. 본래 쌀로 부렴하는 것은 마땅히 돈으로 부렴하도록 고쳐야 한다.
즉, 돈의 수량은 속이기 어렵지만 쌀은 품질의 등급이 많아서 일정치 않으므로 돈으로 받는 것이 낫다는 것이다.

其巧設名目하야 以歸官囊者는 悉行蠲減이요 乃就諸條
하야 刪其濫僞하야 以輕民賦니라

해설 교묘하게 명목을 만들어서 수령의 주머니로 들어가게 만든 잡부는 감면하고 곧 여러 가지 조목을 보아서 함부로 꾸며서 댄 것들은 이를 깎아 없앰으로써 백성들의 부담을 가볍게 해야 한다. 즉, 고을의 절목에는 허위가 많으니 자세히 검토하여 삭제할 것은 삭제하고 감액할 것은 감액해야 한다는 것이다.

朝官之戶를 蠲其徭役은 不載法典이라 文明之地는 勿蠲之하고 邈遠之地는 權蠲之니라

해설 조관의 집이라 해서 요역을 면제하라는 규정은 법전에 실려 있지 않다. 문명한 곳에서는 면제하지 말아야 하고 먼 시골에서는 권도로 면제해 주어야 한다. 즉, 요역의 면제는 어려움의 기준이 있을 때나 행할 수 있는 것이다.

大抵民庫之弊는 不可不革이니 宜於本邑에 思一長策하야 建一公田하야 以防斯役이니라

해설 대체로 민간 창고의 폐단을 개혁하지 않을 수 없다. 마땅히 본 읍에서 한 가지 좋은 방책을 생각해서 한군데 공전을 마련함으로써 이 부담을 막아내야 할 것이다.

民庫下記之招鄉儒查檢은 非禮也니라

99

해설 민고의 지출 기록을 향리 선비를 불러다가 검사케 하는 것은 예가 아니다.
즉, 수령이 백성을 위한다면 향리 선비를 불러서 지출 장부를 검사케 하지 말라는 것이다.

주: 하기 : 지출을 기록한 장부

雇馬之法은 國典所無이며 其賦無名하니 無弊者因之이나 有弊者罷之니라

(고마지법) (국전소무) (기부무명) (무폐자인지) (유폐자파지)

해설 고마법은 국가의 법전에도 없다. 이름없는 부과로서 폐단이 없는 것은 전례를 쫓지만 폐단이 있는 것은 폐지해야 한다.

주: 고마법 : 각 고을의 수령이 행차할 때 말을 세내는 법.

均役以來로 魚鹽船稅가 皆有定率이리 法久弊生하야 吏緣爲奸이라

(균역이래) (어염선세) (개유정률) (법구폐생) (연위간)

해설 균역법이 제정된 후로는 어염선세가 모두 일정한 세율이 있는데 법이 오래되자 폐단이 생겨서 아전들 이 농간을 부린다.
즉, 어상이나 염상(소금장사) 등을 괴롭히는 착취행위는 없애야 한다는 것이다.

船有多等하야 道各不同하니 點船唯循舊例하며 收稅但察

(선유다등) (도각부동) (점선유순구례) (수세단찰)

疊徵이라

해설 배에는 등급이 많고 도마다 각각 다르니 배를 점검할 때에는 관례를 따를 것이며 세금을 중복해서 받아들이는 일이 없도록 살펴야 한다.

즉, 배의 물건을 싣는 능력은 그 힘에 있는 것이니 다만 배의 대소를 가지고 세율을 정하는 것은 기준이 명확히 설정되지 않은 데서 오는 것이다.

魚稅之地는 皆在海中하니 無以細察이요 唯期比總하고 時察橫徵이라

해설 어세의 부과대상은 바닷속에 있는 것이니 자세히 살펴볼 수가 없다. 오직 정기적으로 총액을 비교해서 함부로 징수하는 일이 없도록 할 것이다.

즉, 어세의 부과기준이 세월이 지나면서 해이해져 어상에게 피해를 주고 있음을 비판하고 있다.

鹽稅本輕하야 不爲民病하니 唯期比總하야 時察橫斂이니라

해설 염세는 본래 가벼워서 백성들에게 큰 병폐가 되고 있지는 않으나 정기적으로 총액을 비교해서 함부로 징수하는 일이 없도록 살펴보아야 한다.

즉, 염세는 본래 가벼운데 세금이 가벼울수록 아전의 농간이 있으니 살펴야 한다는 것이다.

土船官船을 魚商鹽商이나 苔藿之商이 厥有深冤던이어 無處告訴는 邸稅是也라

토선관선 어상염상 태곽지상 궐유심원 무처고소 저세시야

해설 : 사선·관선·어상·염상·태곽상으로서 억울한 일이 있어도 호소할 길없는 것이 저세라는 것이 있다. 즉, 저세란 저점에 바치는 수수료인데 저점은 지금의 선주이니 이들에게 빼앗기는 것은 하소연할 길도 없다는 것이다.

図 태곽지상∷미역장수

場稅와 關稅와 津稅와 店稅와 僧鞋와 巫女布는 其有濫徵者를 察之니라

장세 관세 진세 점세 승혜 무녀포 람징자 찰지

해설 : 장세·관세·진세·점세·승혜·무녀포 등에 대하여 지나치게 징수함이 없도록 살펴야 한다.
관세∷교통의 요로를 통과하는 상인에게 부과하는 세금.
점세∷지금의 여관에 대해서 부과하는 세금.
무녀포∷무녀들로부터 징수하는 무명·베·명주 등을 말함.
승혜∷중들로부터 받아들이는 짚신.

力役之政은 在所愼惜이요 非所以爲民興利者는 不可爲也니라

역역지정 재소신석 비소이위민흥리자 불가 위야

해설 백성의 노력을 필요로 하는 공사를 하는 것은 신중하게 아껴서 해야 한다. 백성에게 이익이 되는 일이 아니면 해서는 안된다.

즉, 백성의 노력이 필요한 공사는 되도록 하지 말아야 한다.

其無名之物이 出於一時之謬例者는 亟宜革罷하야 不可因也니라

해설 아무런 명목도 없이 한때의 잘못으로 정해진 관례는 마땅히 곧 폐지해야 하고 이에 따라서는 안된다.

즉, 예부터 내려오는 예라고 해서 재물을 거두는 일 등은 빨리 없애야 한다.

或有助徭之穀과 補役之錢이 布在民間者는 每爲豪戶所呑이니 其可查拔者徵之하고 其不可追者는 蠲而補之니라

해설 조요의 곡식이나 보역의 돈이 민간에 깔려 있는 것을 세력 있는 집에서 먹어버린 것이 있을 때에는 조사해서 가려낼 수 있는 것은 징수하고 추징할 수 없는 것은 덜고 보충해야 한다.

図 조요곡·보역곡: 요역이 있을 때 보조해 주는 돈이나 곡식.

欲賦役之大均인댄 必講行戶布口錢之法이라 民生乃安

해설 부역을 지극히 공정하게 하려면 반드시 호포·구전의 법을 강구해서 시행해야 민생이 안정될 수 있다.
도 호포‥매호에서 내는 세금.
구전‥인구에 따라 부과되는 세금.

권농(勸農)

農者民之利也니 民所自力이나 莫愚者民이니 先王勸焉
이라

해설 농사는 백성의 이익이니 백성이 스스로 힘쓸 것이지만 더할 수 없이 어리석은 것이 백성이다. 그러므로 옛 임금들은 농사를 권장했던 것이다.
즉, 백성들에게 농업은 권장할 것을 강조하고 있다.

古之賢牧은 勸於勸農하야 以爲聲績하니 故農桑爲七事
之首니라

農者食之本이요 桑者衣之本이라 故課民種桑은 爲守令

해설 옛날의 어진 목민관은 농사를 권장함을 부지런히 하여 명예와 치적으로 삼았으니 농상이 일곱가지 일의 우두머리가 되는 것이다.

즉, 목민관으로서는 무엇보다도 으뜸가는 임무가 바로 농업을 권장하는 일이라는 것이다.

之要務니라

해설 농사는 먹는 것의 근본이요. 양잠은 입는 것의 근본이라 백성들에게 뽕나무를 심게 하는 것은 수령의 중요한 임무이다.

樹之材木하고 樹之菜果하며 字其六畜은 所以輔農也니라

해설 재목이 될 나무를 심고 채소와 과목을 심으며 여섯 가지 동물을 번식시키는 것은 농사일을 보조하는 것이다.

勸農之要는 又在乎蠲稅薄征하여 以培其根이라

해설 농사를 권장하는 중요한 방법은 부세를 경감하여 그 근본을 배양하는 데에 있다.

總之勸農之政은 宜先授職이니 不分其職하고 雜勸諸業

은 非先王之法也(비선왕지법야)니라

해설 총체적으로 말하면 농사를 권장하는 정사는 마땅히 먼저 직책을 맡겨야한다. 직책을 나누어 맡기지 않고 여러 가지 직책을 뒤섞어서 권장하는 것은 선왕의 법이 아니다.

凡勸農之政(범권농지정)은 宜分六科(의분육과)하야 各授其職(각수기직)하고 各考其功(각고기공)하야 登其上第(등기상제)하야 以勸民業(이권민업)이니

해설 무릇 권농의 정책이란 마땅히 농사를 여섯 분과로 나누어서 그 직책을 맡기고 각각 그 공적을 상고하여 높은 벼슬로 올려 주어 백성의 생업을 권장해야 한다.

每春分之日(매춘분지일)에 下帖于諸鄕(하첩우제향)하야 約以農事早晚(약이농사조만)을 考校(고교) 賞罰(상벌)이니라

해설 해마다 춘분날에는 여러 향리에 통첩을 내려보내서 농사를 제때에 한것과 늦춘 것을 상고하여 상벌을 시행한다는 것을 약속한다.

唯桑苧之田은 宜別置官地하고 屬之民庫하야 以補民徭라이니

해설 오로지 뽕이나 모시를 심는 밭은 마땅히 따로 관전을 설치하고 그 수입을 개인 창고에 귀속시켜서 백성의 요구에 보조하게 하는 것이 좋을 것이다.

107

예전육조(禮典六條)

제사(祭祀)

郡縣之祀는 三壇一廟니 知其所祭면 心乃有嚮하며 乃齋乃敬이라

해설 군현의 제사에는 삼단과 일묘가 있다. 그 제사 지내는 의미를 알면 마음이 기울 것이며 마음이 기울면 이에 재계하고 공경하게 된다.

㈜ 삼단일묘 :: 사직단, 성황단, 여단의 삼단과 문묘.

文廟之祭는 牧宜躬行이니 虔誠齋沐하야 爲多士倡이라

해설 문묘의 제사는 목민관이 마땅히 몸소 거행하여야 하며 목욕 재계하고 공경하며 정성스러운 마음으로 많은 선비들을 창도하여야 한다.

㈜ 궁행 :: 몸소 집행하는 것.

廟宇有頹하고 壇壝有毀하며 祭服不美하고 祭器不潔이어던 並宜修葺하야 無爲神羞니라

해설 묘우가 퇴락했거나 제단이 허물어졌거나 제복이 아름답지 못하고 제기가 깨끗지 못한 것이 있으면 마땅히 보수하고 손질해서 하늘에 부끄러움이 없도록 해야 한다.

図 단선∷제단.

境内有書院하야 公賜其祭者는 亦須虔潔하야 無失士望이니라

해설 경내에 서원이 있어서 그 제사를 하사받은 자가 있으면 또한 마땅히 경건하고 정결하게 받들게 하여 선비들의 기대에 실망을 주지 말아야 한다.

其有祠廟在境内者는 其修葺庇治를 宜亦如之니라

해설 경내에 있는 사나 묘는 그것을 수리하고 관리하는 것을 또한 마땅히 전과 같이 해야 한다.

図 비치∷보수하고 관리함.

牲不瘠蠡하고 粢盛有儲하면 斯可曰賢牧也니라

해설 희생은 야위었거나 옴에 걸린 것이 아니고, 제사에 쓸 기장과 피가 저축되어 있어야 어진 목민관이라 할 수 있다.

즉, 희생은 미리 목전에서 길러 살찌고 병이 없게 돌보고 제사에 쓰는 기장과 피를 미리 넉넉하게 준비하여 제사에 소홀함이 없어야 어진 목민관이라 할 수 있다는 뜻이다.

祈雨之祭는 祈于天也인데 今之祈雨는 戲慢褻瀆하니 大非禮也니라

주 해설 기우제는 하늘에 비는 것이다. 지금의 기우제는 부질없는 장난으로 하늘을 모독하니 대단한 비례다.

설독‥‥모독함.

희만‥장난치는 것.

祈雨祭文은 宜自新製이니 或用舊録은 大非禮也니라

해설 기우제의 제문은 마땅히 새로 지어야 한다. 혹 전의 것을 그대로 쓰고 있으니 이는 크게 예가 아니다.

日食月食에 其救食之禮는 亦宜莊嚴이니 無敢戲慢이니라

해설 일식이나 월식 때의 구식 예절은 또한 마땅히 장중하고 엄숙하게 해야 하며 희롱삼아 아무렇게나 하는 일이 없어야 한다.

주 구식‥일식, 월식에 기도 올리는 예식.

빈객(賓客)

賓者는 五禮之一이니 其籩牢諸品이 已厚則傷財하고 已
薄則失歡하니 先王爲之節中制禮하야 使厚者不得踰하고
薄者不得減하니 其制禮之本이 不可以不遡也니라

해설 빈례는 오례의 하나다. 그 접대하는 물품이 너무 많으면 재물을 낭비하게 되고 너무 박하면 환대의 예를 잃는다. 옛날의 착한 임금이 중용에 알맞도록 예를 제정하여 후한 것은 지나치지 못하게 하고 박한 것은 더 감하지 못하게 했다. 그러니 그 예법을 만든 근본 정신은 옛날로 거슬러 올라가지 않을 수 없는 것이다.

제례지본 : 예를 제정한 근본 정신

오례 : 왕실 혼인에 관한 예법인 가례, 빈객 접대에 관한 예법인 빈례, 제사에 관계된 예법인 길례, 군인의 예법인 군례, 장례에 관한 예법인 흉례.

古者燕饗之饌이 原有五等하니 上自天子로 下至三士
인데 其吉凶所用이 無以外是也라

해설 옛날 음식 차림에는 다섯 등급이 있었으니 위로는 천자로부터 아래로는 삼사에 이르기까지 길흉간에 사용되는 것은 이 범위를 벗어나지 않았다.

연향 : 음식을 대접하는 것.

111

今監司巡歷은 天下之巨弊也니 此弊不革이면 則賦役
煩重하고 民盡劉矣라

해설 요즘 감사가 각 고을을 순력하는 것은 천하의 큰 폐단이다. 이 폐단이 고쳐지지 않는다면 부역이 무거
워 백성들은 모두 살 수 없게 될 것이다.
주 순력∶관내를 순행하는 일.

內饌非所以禮賓이며 有其實而無其名하니 抑所宜也니라

해설 내찬이란 빈객을 대접하는 예법이 아니다. 그 실제는 있더라도 명분이 없는 것은 마땅히 억제해야 한
다.
즉, 감사가 고을에 도착하면 큰 상을 대접하는 이외에 따로 진수 성찬을 준비한다. 그것을 내찬이라고 하
는데, 감사가 먹는 것은 이것이면 그만이지 내사의 부인이 상을 차리는 것은 예가 아니라는 뜻이다.
주 내찬∶안방에서 따로 손님을 치르는 음식.

監司廚傳之式은 厥有祖訓하고 載在國乘하니 義當恪遵
하야 不可毁也니라

해설 감사의 음식 대접하는 형식은 전래되는 예법이 있다. 전해 내려오는 훈계가 국승에 기재되어 있으니 마
땅히 정성껏 준수하여 무너뜨려서는 안 된다.
주 주전지식∶음식을 대접하는 형식.
각준∶정성껏 준수함.

一應賓客之饗은 宜遵古禮하야 嚴定厥式이요 法雖不立이나 禮宜常講이니

해설 일체 빈객의 대접은 마땅히 예전의 예를 따라서 엄중하게 그 법식을 정해야 한다. 법이 비록 서지 않더라도 예는 마땅히 항상 강론해야 한다.

布在方冊라하니

古之賢牧은 其接待上官에 不敢踰禮나 咸有芳徽는

해설 예전의 어진 목민관은 그 상관을 접대하는 데에 감히 예법을 넘어서지 않았으나 그 아름다운 행적은 널리 기록되어 있다.

㊟ 방휘…아름다운 행적.
방책…기록.

雖非上官이라 凡使星之時過者는 法當致敬이요 其橫者 勿受하고 餘宜恪恭이라

해설 비록 상관이 아니더라도 무릇 사성은 마땅히 극진히 공경해야 한다. 횡포하는 자는 받아들이지 않을 것이나 그 나머지는 마땅히 정성과 공경을 다해야 한다.

㊟ 사성…임금의 심부름으로 지방에 나온 벼슬아치.

古人於內侍所過도 猶或抗義하며 甚者車駕所經에 猶
不敢虐民以求媚라하니

해설 옛 사람은 내시가 지나갈 때에도 오히려 혹 의리로 항거했으며, 심한 자는 임금이 지나갈 때에도 백성을 괴롭히면서까지 아부하려 들지 않았다. 즉, 아무리 권세있는 자에게라도 백성을 괴롭히면서까지 아첨하는 것은 도에 어긋난다는 뜻이다.

注 내시 : 궁중에서 일하는 관원.

교민(教民)

民牧之職은 教民而已니라 均其田産도 將以教也며 平
其賦役도 將以教也며 設官置牧도 將以教也며 明罰
飭法도 將以教也니 諸政不修하고 未遑興教면 此百世
之所以無善治也니라

해설 목민관의 직책은 백성을 가르치는데 있다. 그들의 전지와 재산을 고르게 하는 것도 장차 그들을 가르치기 위함이며, 그들의 부세와 요역을 공평하게 하는 것도 장차 그들을 가르치기 위함이고, 관청을 설치하고 목민관을 두는 것도 장차 그들을 가르치기 위함이며, 형벌을 밝히고 법을 계

칙함도 장차 가르치기 위한 것이다. 여러 가지 정치가 담아지지 않으면 교화를 펼 겨를이 없다. 이것이 백대

囚 전산∶ 농지를 말함.
미황∶ 겨를이 없음.

不教而刑을 謂之罔民이니 其有鬮訟하야 不知羞恥者라도
姑惟教之늘이어 不可遽刑이니라

해설 가르치지 않고 형벌 주는 것을 망민이라고 한다. 말다툼과 소송을 좋아하면서 부끄러움을 모르는 자가 있을지라도 우선 가르칠 것이지, 갑자기 형벌해서는 안 된다.

退陬絶徼이면 遠於王化하니 勸行禮俗도 亦民牧之先務
也니라

해설 먼 시골과 떨어진 변방은 임금의 교화에서 멀다. 예속을 권유해서 행하게 하는 것도 또한 목민관이 먼저 힘써야 할 일이다.

쥐 하추절요∶서울에서 극히 먼 지방.

束民爲伍하야 以行鄉約도 亦古鄉黨州族之遺意니 威
惠旣洽이면 勉而行之可也니라

해설 백성을 결속하여 오를 만들어 향약을 행하는 것도 또한 옛날 향당이나 주족제도를 본뜬 것이다. 위엄과 은혜가 이미 흡족하게 된 뒤라면 힘써서 실행하는 것이 좋다.

향당주족 : 옛날 백성을 조직의 명칭.

孝子烈女와 忠臣節士는 闡發幽光하야 以圖旌表도 亦
民牧之職也니라

해설 효자와 열녀, 충신 절사를 발굴해내서 그 숨은 행적을 세상에 나타나게 하고 이를 정표하도록 힘쓰는 것도 또한 목민관의 직책이다.

천발유광 : 숨어 있는 빛나는 행적을 밝혀서 세상에 알림.
정표 : 정문을 세워서 표창함.

若夫矯激之行과 偏狹之義는 不宜崇獎하야 以啓流弊
其義精也니라

해설 교격한 행동이나 편협한 의리는 그것을 숭상하거나 장려해서 폐단을 남기는 길을 열어서는 안 된다. 이것이 의리의 정한 것이다.
즉, 지나치게 격한 행동은 그것이 선하더라도 숭상하거나 권장해서는 안 된다. 폐단을 남기기 쉬우니 이를 경계한다는 뜻이다.

교격 : 지나치게 과격함.
편협지의 : 의리에 맞는 것 같지만 너무 융통성이 없어서 사람들의 본받을 바가 못 되는 것.

흥학(興學)

古之所謂學校者는 習禮焉하며 習樂焉이나 今禮壞樂崩하야 學校之教가 讀書而已라

해설 옛날의 학교에서는 예를 익히고 악을 익혔는데 지금은 예가 무너지고 악이 무너져서 학교의 가르침은 글을 읽는 일뿐이다.

文學者는 小學之教也이니 然則後世之所謂興學者는 其猶爲小學乎아

해설 문학이란 소학에서 가르치는 것이다. 그렇다면 후세에 와서 학교를 일으킨다고 하는 것은 그 소학을 하는 것과 같은 것이란 말인가.

學者는 學於師也이니 有師而後라야 有學이니 招延宿德하야 使爲師長然後에 學規乃可議也니라

117

해설 배운다는 것은 스승에게서 배우는 것이다. 스승이 있은 후에 배움이 있으니 오래 덕을 쌓은 이를 초빙하며 스승을 삼은 후에야 배움의 규칙을 의논할 수 있다.

㈜ 초연…초빙함.
숙덕…덕이 높은 사람.

修_수葺_즙堂_당廡_무하고 照_조管_관米_미廩_름하며 廣_광置_치書_서籍_적이 亦_역賢_현牧_목之_지所_소致_치 意_의也_야니라

해설 학교를 수리하고 쌀 주는 것을 잘 보살펴 관리하며 널리 서적을 비치하는 일도 또한 어진 목민관이 유의해야 할 일이다.

㈜ 당무…강당과 행랑.
조관…관리하고 살핌.
미름…쌀을 넣어 두는 창고.

簡_간選_선端_단方_방하고 使_사爲_위齋_재長_장하야 以_이作_작表_표率_솔하고 待_대之_지以_이禮_례하야 養_양 其_기廉_렴恥_치니라

해설 단아하고 방정한 자를 가려서 재장이 되게 하여 사표로 삼고 예로 대우하여 그 염치를 기르게 해야 한다.

㈜ 단방…사람됨이 단아하고 행동이 방정한 것.
재장…학교장.
표솔…사표.

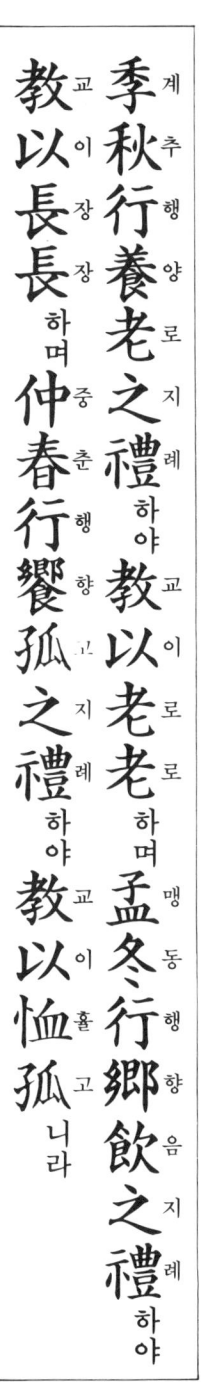

季秋行養老之禮하야 教以老老하며 孟冬行鄕飮之禮하야 教以恤孤니라
教以長長하며 仲春行饗孤之禮하야

해설 늦가을에 양로의 예를 거행하여 늙은이를 늙은이로 섬기는 도리를 가르치며, 초겨울에는 향음의 예를 행하여 어른을 어른으로 대접하는 길을 가르치며, 중춘에 향고의 예를 거행하여 고아를 구휼하는 일을 가르친다.

圖 로로…노인을 노인으로 대접함.
장장…어른을 어른으로 대접함.
향음지례…고을에서 수령이 주인이 되어 그 지방 선비들을 모아 술을 마시며 연회를 베푸는 것을 말함.
향고지례…고아들을 모아서 향응하는 것.

以時行鄕射之禮하며 以時行投壺之禮니라

해설 때를 살펴 향사의 예를 행하며 때를 살펴서 투호의 예를 행한다.

圖 향사지례…고을의 선비를 모아 활을 쏘는 것.
투호지례…화살을 병 속에 던져 넣어 승부를 가리는 놀이.

변등(辨等)

辨等者는 安民定志之要義也이니 等威不明하야 位級以

119

亂이면則民散而無紀矣이라

해설: 등위를 구분하는 것은 백성을 편안하게 하고 뜻을 안정시키는 요긴한 일이다. 등급에 따른 위의가 분명하지 않고 지위와 계급이 문란하면 백성이 흩어지고 기강이 무너지게 될 것이다.

편등:신분의 상하등급을 구분함.

정지:뜻을 정함. 즉 여기에서는 마음이 일정해져서 분수를 넘어서지 않게 된다는 뜻이다.

族有貴賤하니宜辨其等이요勢有强弱하니宜察其情이니二者不可以偏廢也니라

해설: 종족에는 귀천이 있으니 마땅히 그 등급을 구분해야 하고, 세력에는 강약이 있으니 마땅히 그 정상을 살펴야 한다. 이 두 가지는 어느 한쪽도 그만두어서는 안 된다. 즉, 수령된 자는 신분, 등급의 귀천을 구분해야 하고 약자를 붙들어 주고 강자를 억제하여 질서를 유지해야 된다는 뜻이다.

편폐:어느 한 가지만 없애 버림.

凡辨等之政은不唯小民是懲이라中之犯上도亦可惡也니라

해설: 무릇 등급을 구분하는 정책은 오직 천한 백성만을 징계할 뿐 아니라 중인이 윗사람을 범하는 것도 또한 미워해야 한다.

소민:보잘것 없는 백성.

宮室車乘衣服器用이 其僭侈踰制者는 悉宜嚴禁이니

해설 궁실, 거마, 의복, 기물 등을 참람하게 사치하는 것이 제도를 넘는 것은 모두 마땅히 엄금해야 할 것 이다.

㈜ 궁실…주택.
거승…수레와 말.
기용…쓰는 그릇.

과예(課藝)

科擧之學은 壞人心術이나 然選擧之法未改면 不得不 勸其肄習이니

해설 과거를 위한 학문은 사람의 심술을 파괴한다. 그러나 사람 뽑아 쓰는 법을 고치지 않는 한, 이것을 익히는 일을 권장하지 않을 수 없다. 이를 일러 과예라 한다.

즉, 과거 제도는 원래 결함이 많은 것인데 더군다나 과거에 따른 여러 가지 폐단과 허위, 농간이 많아서 사람들의 마음씨를 파괴하는 일이 많다는 뜻이다.

㈜ 과예…과거 보는 재예를 권장하는 것.
이습…익히는 것.
심술…마음씨.

課藝宜亦有額니하나 旣擧旣選던이어 乃試乃編하야 於是乎課
之也니라

해설 과예에도 마땅히 정원이 있어야 한다. 이미 추천해서 뽑혔거든 시험을 치르게 하고 이내 편성하여 그
액 : 어느 한도. 여기에서는 정원을 뜻함.

近世以來로 文體卑下하고 句法澆悖하며 篇法短促하니 不
可以不正也니라

해설 근세 이래로 문체가 비루하고 격이 낮으며 구법이 박하고 어긋나며 편법이 짧고 촉박하니 이를 바르게
하지 않을 수 없다.
구법 : 글귀를 만드는 법.
편법 : 문장을 구성하는 법.
요패 : 거친 것.

童蒙之聰明强記者는 別行抄選하야 敎之誨之니라

해설 아이들 중에서 총명하고 기억력이 뛰어난 사람은 따로 뽑아서 가르쳐야 한다. 전도가 촉망되는 자는 능력에 맞게 따로 지도해야 된다
즉, 문학의 취미는 어렸을 때부터 양성해야 한다.
는 뜻이다.

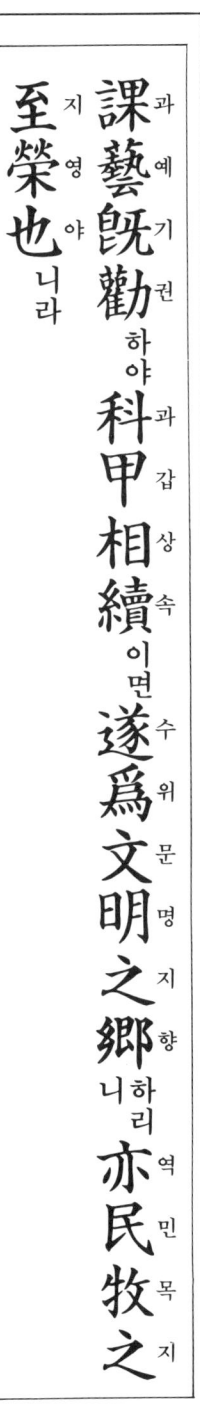

課藝旣勸하야 科甲相續이면 遂爲文明之鄕이리니 亦民牧之
至榮也니라

과예기권하야 과갑상속 수위문명지향 역민목지 지영야

해설 과예를 부지런히 하여 과거에
한 목민관의 지극한 영광이다.

科甲(과갑) : 과거에 합격한 사람.

과거에 급제하는 자가 잇따라 나오면 드디어 문명한 고을이 되는 것이니 이는 또

첨정(簽丁)

簽丁收布之法은 始於梁淵하야 至于今日하니 流波浩漫
하야 爲生民切骨之病하니 此法不改면 而民盡劉矣리오

해설　병적을 작성하여 군포를 받아들이는 법은 양연에게서 시작되어 오늘에 이르고 있는데 폐단이 커서 백성들의 뼈에 사무치는 병통이 되고 있다. 이 법을 고치지 않는다면 백성은 모두 죽게 될 것이다.

첨정：병역 의무자를 조사하여 병적에 싣는 것.
절골지병：뼈에 사무치는 병폐.
양연：이조 중종 때의 문신. 군적 수포의 법을 시행할 것을 건의하여 이를 시행했으며 벼슬이 좌찬성에 이르렀다.

隊伍名也요 米布實也니 實之旣收어늘 名又奚詰요 名

之將詰_{지장힐}이면 民受其毒_{민수기독}이리 故善修軍者_{고선수군자}는 不修_{불수}하고 善簽丁_{선첨정}
者_자는 不簽_{불첨}하나 査虛覈故_{사허핵고}하야 補闕責代者_{보궐책대자}는 吏之利也_{이지리야}니
良牧不爲也_{양목불위야}니라

해설　대오란 명목뿐이며 쌀과 포를 걷는 것이 실제의 목적이다. 실지의 목적이 이미 거두는 데 있는데 명목을 어찌 또 묻겠는가. 명목을 또 물으려 한다면 백성들이 그 해독을 받을 것이다. 까닭에 군정을 잘 다스리는 자는 다스림만을 일삼지 않고 첨정을 일삼지 않는다. 헛이름을 조사하고 죽은 것을 밝히며 결원을 보충하고 대신할 자를 요구하는 것은 아전들의 이익이 되는 것이니 어진 목민관은 이를 하지 않는다.

즉, 대와 오 같은은 군대 편성을 말하는 것은 허울일 뿐이고 쌀과 포를 거두는 것이 실지 목적이다. 지금과 같은 정세에서 대오를 바로잡는다고 하여 허록을 조사하고, 도망간 자, 늙은이, 죽은 자를 밝혀 내어 군정을 정돈한다고 하면, 거기에 아전들의 농간이 따르게 마련이므로 현명한 목민관은 이를 행하지 말아야 한다는 뜻이다.

其有一二不得不竺補者_{기유일이부득불첨보자}는 宜執饒戶_{의집요호}하야 使補役田_{사보역전}하야
以雇實軍_{이고실군}이니라

해설　한두 명을 보충하지 않을 수 없을 때에는 마땅히 넉넉한 집으로 기피한 자를 찾아내어 역전으로 보충하여, 실제의 군사를 고용하도록 한다.

즉, 도망했거나 죽은 자가 군포계에 들어 있지도 않고 군전을 경작하지도 않은 자여서 대신 쌀이나 포목을 바칠 사람이 없을 때는 다른 사람으로 보충해야 한다. 이럴 경우에는 부유한 집 중에 군첨에서 빠진 자를 찾

125

아 역전으로 밭 세 두락 정도를 바치게 하고 그것으로 실제 군사를 고용하는 것이 좋다는 뜻이다.

요호 : 생활이 넉넉한 집.

역전 : 병역 의무자에게 경작하게 하는 공전.

軍役一根에 簽至五六하며 咸收米布하야 以歸吏囊니하나 斯 不可不察也니라

해설 : 군역 한 자리에 오륙 명을 첨정하여 두고 쌀과 포목을 거둬서 아전의 주머니로 들어가는 경우가 있으니 이를 살피지 않을 수 없다.

이탁 : 아전의 낭탁으로 돌아간다.

軍案軍簿는 並置政堂하야 嚴其鎖鑰이요 無納吏手하라

해설 : 군안과 군 관계의 장부는 모두 정당에 보관하고 자물쇠를 엄중하게 채워 두어 아전의 손에 들어가지 않게 해야 한다.

엄기쇄약 : 자물쇠 채우기를 엄하게 하는 것.

威惠旣洽이면 吏畏民懷니하나 尺籍乃可修也니라

해설 : 위엄과 은혜가 이미 흡족하여 아전이 위엄을 두려워하고 백성들이 은혜를 사모하게 되면 척적을 정리할 수 있다.

척적 : 군적의 기초가 되는 장부.

欲修尺籍인댄 先破契房하야 而書院驛村과 豪戶大墓와

諸凡逃役之藪를 不可不査括也니라

해설 척적을 정리하려면 먼저 계방을 깨뜨리고 서원, 역촌, 호호, 대묘 등 병역을 도피하는 소굴을 검사하지 않을 수 없다.

㈜ 호호 : 세력 있는 집.

收布之日에 牧宜親收니 委之下吏면 民費以倍니라

해설 포를 거두는 날에는 목민관이 마땅히 친히 받아야 한다. 아래 아전에게 맡기면 백성의 비용이 갑절로 된다.

즉, 돈은 액수가 정해져 있고 쌀도 수량이 있어 폐단이 적다. 그러나 포목은 일정한 기준을 잡기가 곤란하여 흠을 잡으려면 핑계가 많다. 그러므로 아전에게 맡기면 백성에게 폐해를 끼쳐서 비용이 배나 더하게 되니 목민관이 직접 받으라는 뜻이다.

僞造族譜하고 盜買職牒하고 圖免軍簽者는 不可以不徵也니라

해설 족보를 위조하고 직첩을 몰래 사서 군적을 면하려는 자는 징계하지 않을 수 없다.

㈜ 도매직첩 : 관직의 임명장을 몰래 사들임.

127

上番軍裝送者는 一邑之巨弊也이니 十分嚴禁이라 乃無
民害니라

해설 상번군을 마련해 보내는 것은 온 고을의 큰 폐단이니 이를 십분 엄중히 살펴야 비로소 백성의 피해가 없을 것이다.

주 상번군: 번상 군인. 번상은 지방의 군사를 골라 뽑아서 차례로 서울의 군영에 보내어 입번시키는 것을 말한다.

연졸(練卒)

練卒虛務也이니 一曰束伍요 二曰別隊요 三曰吏奴隊요
四曰水軍으로 法旣不具하니 練亦無益이라 應文而已요
不必擾也니라

해설 오늘날의 연졸이란 헛수고일 뿐이다. 첫째 속오, 둘째 별대, 세째 이노대, 네째 수군이니 하는 것의 법이 이미 갖추어지지 않았으니 훈련해도 유익할 것이 없다. 공문에 회답이나 할 뿐 시끄럽게 할 까닭이 없다.

연졸…군사를 훈련시키는 일
속오…속오군. 지방에 거주하는 열 다섯 살 이상의 남자를 군적에 편입하여 평시에는 군포를 바치고 때때

惟其旗鼓號令으로 進止分合之法은 宜練習詳熟되 非
欲教卒하고 要使衙官列校로 習於規例라

해설 오직 기와 북으로 하는 호령에 따라 나아가고 정지하고 나뉘고 합치는 법만은 마땅히 상세하고 익숙하게 연습해야 할 것이다. 그것은 군사를 가르치고자 하여 하는 것이 아니고 아전이나 군교들로 하여금 규례를 익히게 하려는 것이다.

圖기고∷기치, 징, 북.

吏奴之練이 最爲要務니 前期三日에 宜預習之니라

해설 아전과 관노의 훈련은 가장 중요한 일이다. 기한 사흘 전에 마땅히 미리 연습해야 한다. 목민관은 아전과 관노로 대오를 만들고 초병도 만들어 고을을 지켜야 하므로 아전과 관노의 군사 훈련은 중요한 일이라는 뜻이다.

若年豊備弛라도 朝令無停하야 以行習操면 則其充伍飾
裝을 不得不致力이니라

해설 즉, 전쟁이 나게 되면 속오군, 별대는 진영에 소속되어 싸우게 된다.

129

해설 만일 풍년이 들고 준비가 해이하더라도 조정에서 정지하라는 명령만 없으면 조련을 시행해야 하며 그 대오의 인원을 보충하고 장비를 갖추는 일에 힘쓰지 않으면 안 된다.

즉, 습조는 매년 한 번씩 행하게 되어 있는데 대개는 이 규정을 잘 지키지 않는다. 어쩌다 한 번 행하게 되면 대오에 결원이 있다든지, 준비가 제대로 되어 있지 않다든지, 군비가 미비하다는 등의 이유로 아전들이 토색질을 하게 된다. 이는 목민관의 치욕이므로 규정대로 행하여 군율을 정비하고 아전들의 횡포를 막아야 한다는 뜻이다.

주 식장: 장비를 갖추는 것.

軍中收斂은 軍律至嚴하니 私練公操가 宜察是弊니라

주 사련: 고을에서 군사 훈련을 실시하는 것.
공조: 조정의 명령에 의해 군사 훈련을 실시하는 것.

해설 군중에서 돈을 걷는 일은 군율이 지극히 엄중하다. 사련이나 공식 조련때에 이러한 폐단이 없도록 잘 살펴야 한다.

水軍之置於山郡은 本是謬法이라

주 산군: 산간 지대에 있는 고을.

해설 수군을 산군에 두는 것은 본래 잘못된 법이다.
유법: 잘못된 법.

水操有令이니 宜取水操程式하야 逐日肄習하야 俾無闕事니라

해설 수군 조련의 명령이 있으면 마땅히 수조 정식을 가져다가 매일 연습하여 빠지는 일이 없도록 하라.

수병(修兵)

兵者는 兵器也라 兵可百年不用이나 不可一日無備이니

图 해설

兵者 병기야

兵器 병가백년불용

不可 일일무비

해설 병은 병기를 말한다. 병기는 백년을 쓰지 않아도 좋으나 하루도 준비가 없을 수는 없다. 병기를 정비

修兵者는 土臣之職也니라

图 수병자 토신지직야

해설 수병 ·· 병기의 수리, 즉 무기의 정비.

수병 ·· 수령의 직책이다.

하는 일은 수령의 직책이다.

箭竹之移頒者와 月課火藥之分送者는 宜思法意하야 謹其出納이니라

图 전죽지이반자 월과화약지분송자 의사법의 근기출납

해설 전죽을 옮겨 나누어 주는 것과 다달이 나누어 주는 화약은 마땅히 법을 만든 취지를 생각해서 그 출납을 삼가야 한다.

图 전죽 ·· 화살 만드는 대나무

월과화약 ·· 매달 지급하는 연습용 화약.

해설 만약 조정의 명령이 엄중하다면 수시로 병기를 수리하고 보충하는 일을 하지 않을 수 없다.

圉 신엄: 지극히 엄중함.
수보: 수리하고 보충함.

권무(勸武)

東俗柔謹하야 不喜武技하고 所習惟射인데 今亦不習하니 勸武者는 今日之急務也라

해설 우리 나라의 풍속은 유순하고 근신하여 무예를 좋아하지 않고 익히는 것은 오직 활쏘기뿐이다. 지금에 이르러서는 그것마저 익히지를 않으니 무예를 권장하는 것이 오늘날의 시급한 일이다.

牧之久任者는 州或至六朞니하나 憚能如是者하야 勸之而 民勤矣리오

해설 수령으로서 오래 재임하는 자는 6년에 이르기도 한다. 그와같이 될 것으로 생각해서 무예를 권장한다
면 백성들도 힘쓸 것이다.
㈜ 구임··오래 유임하는 것.
육기··만 여섯 해.

強弩之張設發放을 不可不習이라

해설 강력한 쇠뇌를 장치하고 쓰는 방법을 익히지 않아서는 안 된다.
㈜ 노··기계 장치로 발사하는 활.

若夫號令坐作之法은 馳突擊刺之勢에 須有隱憂乃
可肄習라하니

해설 호령하는 것과 동작하는 법과 달리며 차고 찌르는 태세 등은 국난의 염려가 있을 때 익히고 연습하는
것이 좋다.
㈜ 좌작··앉았다 섰다 하는 동작.
치돌··이리저리 달리는 것.
격자··치고 찌르는 것.

응변(應變)

守令乃佩符之官이라 機事多不虞之變하니 應變之法을

不可不預講_{불가불예강}이니

해설 수령은 병부를 차고 있는 관원이다. 뜻밖에 일어나는 변이 많으니 응변하는 방법을 미리 강구하지 않을 수 없다.

주 불우지변‥뜻하지 않은 변란.
예강‥미리 강구함.

訛言之作_{와언지작}은 或無根而自起_{혹무근이자기}하고 或有機而將發_{혹유기이장발}하나 牧之_{목지} 應之也_{응지야}에 或靜而鎭之_{혹정이진지}하고 或默而察之_{혹묵이찰지}니라

해설 뜬소문이 근거 없이 나돌기도 하고 혹 변란의 기미가 엿보이기도 하는 것이니 목민관이 이에 응할 때는 혹 조용히 진압하기도 하고 혹 묵묵히 살피기도 해야 한다.
즉, 유언비어가 생기면 근거없는 것인지 반역의 음모가 있어 민심을 교란시키는 것인지를 판별해야 한다. 근거없는 말은 못 들은 체하고 그대로 두면 저절로 없어지지만 고의로 조작된 것은 유언비어의 근원을 정탐하여 그 소굴을 찾아내야 한다는 뜻이다.

凡掛書_{범괘서}와 投書者_{투서자}는 或焚而滅之_{혹분이멸지}나 或默而察之_{혹묵이찰지}니라

해설 무릇 괘서나 투서는 혹은 태워서 없애 버리기도 하고 혹은 묵묵히 살피기도 한다.
주 괘서‥이름을 숨기고 벽에 붙인 글.

或有強盜流賊이 放火打家라도 宜勿驚動하고 靜思歸趨하야 以應其變이니

해설 강도나 유적이 불을 지르고 집을 파괴하는 일이 있을지라도 마땅히 경동하지 말고 침착하게 그 귀추를 생각하여 그 변고에 대처해야 한다.

주 유적: 떠돌아다니면서 노략질하는 도둑.

或土俗獷悍하야 謀殺官長이어든 或執而誅之하고 或靜以鎭之하야 炳幾折奸이요 不可膠也니라

해설 혹 지방의 풍속이 패악하여 관장을 살해하려는 음모가 있거든 혹은 잡아서 죽이거나 혹은 조용히 진압시키든지 한다. 일의 기미를 밝혀내고 간사한 것을 꺾되 어느 한 방법에만 얽매여서는 안된다.

주 광한: 패악한 것. 병기절간: 일의 기미를 밝혀내고 간사한 것을 꺾음.

強盜流賊이 相聚爲亂이늘 或諭以降之하고 或計以擒之니라

土賊旣平이나 人心疑懼이면 宜推誠示信하야 以安反側이라니

해설 토적이 이미 평정된 뒤에도 인심이 아직 의심하고 두려워한다면 마땅히 정성을 다하고 믿음을 보여서 불안한 민심을 안정시켜야 한다.

어구(禦寇)

値有寇難이면 守土之臣은 宜守彊域이니 其防禦之責은 與將臣同이니

해설 변란을 당하면 수령은 마땅히 맡은 땅을 지켜야 하며 그 방어의 책임은 장신과 같은 것이다.

주 강역…관할하는 땅. 장신…무장

兵法曰虛而示之實과 實而示之虛니라 此又守禦者所 宜知也니라

136

병법에 이르기를, 「허하면서 실한 것처럼 보이고, 실하면서 허한 것처럼 보이라」했으니 이것은 수어하는 자로서 마땅히 해야 할 일이다.

守而不攻하야 使賊過境이면 是以賊而遺君也니 追擊庸得已乎아

해설 지키기만 하고 공격하지 않아서 도적으로 하여금 지경을 지나가게 한다면 이것은 도적을 임금에게로 보내는 것이니 추격을 어찌 그만둘 수 있겠는가.

圖 유군 : 임금에게로 보냄.

危忠凜節로 激勵士卒하야 以樹尺寸之功이 上也로 勢

窮力盡하면 繼之以死하야 以扶三五之常도 亦分也니라

해설 높은 충성과 늠름한 절의로 사졸을 격려하여 조그만 공이나마 세우는 것이 최상의 도리이고, 형세가 궁하고 힘이 다하도록 싸우다가 죽음으로써 삼강 오륜을 세우는 것 또한 분수에 맞는 일이다

圖 척촌지공 : 척촌은 극히 작은 것을 이름이니, 즉 작은 공로를 말한다.

乘輿播越이면 守土之臣은 進其土膳하야 表厥忠愛도 亦職分之常也니라

해설 임금이 파천해 오면 지방을 지키는 수령이 그 지방의 음식을 올려 충애하는 뜻을 표시하는 것도 또한 직분에 떳떳한 일이다.

㊅ 승여··임금의 행차.
토선··그 지방에서 난 음식.

兵所不及에 撫綏百姓이요 務材訓農하야 以贍軍賦도 亦
守土之職也니라

(병소불급 무수백성 무재훈농 이섬군부 수토지직야)

해설 적병이 미치지 않은 곳에서는 백성을 어루만져 편안케 하고, 기재의 생산에 힘쓰고 농사를 가르쳐서 군용을 넉넉하게 하는 것도 또한 지방을 지키는 수령의 직책이다.

즉, 병란이 났을 때 산으로 바다로 달아나서 당황하여 절도를 잃은 자는 길에서 죽는다. 성을 수리하고 호를 깊게 파서 요지를 지키면서 군량을 저축하고, 한편으로 적의 동정을 살펴 백성으로 하여금 안심하고 생업에 종사하도록 하는 것이 목민관의 직분이라는 뜻이다.

㊅ 이섬군부··군사의 비용을 넉넉하게 하는 것.

청송(聽訟)

聽訟之本은 在於誠意하고 誠意之本은 在於愼獨이니라

해설 청송의 근본은 성의에 있고 성의의 근본은 신독에 있다. 즉, 송사하는 말을 듣고 옳고 그름을 바르게 판단하려면 백성을 바르게 인도하려는 성의가 있어야 하며, 성의는 아무도 안 볼 때라도 진실한 태도에서 연유한다는 뜻이다.

주) 신독 : 혼자 있을 때 행동을 삼감.

聽訟如流는 由天才也이나 其道危니라 聽訟必校盡人心也라야 其法實이라 故로 欲詞訟簡者는 其斷必遲이니 爲一斷而不復起也니라 若夫處心은 惟公而已이니 公生明이니라

해설 송사의 처리를 물 흐르듯이 쉽게 하는 것은 타고난 재능이 있어야 하지만 그 방법은 위험하다. 송사 처리는 반드시 사람의 마음을 속속들이 파헤쳐야만 법이 사실에 맞게 된다. 그런 까닭에 소송이 간소해지기를 바라는 자는 그 판단하는 것이 반드시 더디다. 그것은 한 번 판결하면 다시 송사가 일어나지 않게 하기 때문이다. 송사를 처리하는 마음가짐은 오직 공정일 뿐이니 공정은 분명한 판단을 낳는다.

雍蔽不達이면 民情以鬱하니 使赴愬之民으로 如入父母之家하면 斯良牧也니라

(옹폐부달 민정이울 사부소지민 여입부모지가 사량목야)

해설 막히고 가리워져서 통하지 못하면 민정이 답답해진다. 달려와 호소하는 백성으로 하여금 부모의 집에 들어오는 것처럼 하게 한다면 이는 어진 목민관이다.

즉, 백성이 수령을 우러러보는 것은 마치 하늘이 먹고 두려운 것처럼, 억울해도 괴로움을 참으면서 수령의 문에 나갈 용기가 없다. 백성과 수령 사이에는 이와 같은 간격이 있으므로 수령은 백성을 친절하게 대하여 그들이 하고 싶은 말을 마음껏 할 수 있도록 해야 한다는 뜻이다.

옹폐부달: 막히고 가리워져서 통하지 못함.
울: 답답함.
부소: 달려와서 호소함.

鬪毆之訟을 急疾奔告者는 不可傾信하고 本村保囚하야 徐待旬日이니라

(투구지송 급질분고자 불가경신 본촌보수 서대순일)

해설 싸워서 구타당했다고 하면서 급히 달려와 고하는 것을 그대로 믿지 말고 본촌에 가두어 두고 천천히 열흘쯤 기다려야 한다.

片言折獄하야 剖決如神은 別有天才이니 非凡人之所宜
微也니라

해설 한마디 말로 옥사를 판단하여 결정하기를 귀신처럼 하는 자는 따로 타고난 천재니 보통 사람은 마땅히 본받을 바가 아니다.

㈜
편언…한마디 말.
절옥…옥사를 처결함.
부결…조리를 따져서 판단함.

人倫之訟은 係關天常者이니 辨之宜明하고 骨肉相爭으로
係關風化者는 懲之宜嚴이라

해설 인륜의 송사는 천상에 관계되는 것이니 마땅히 밝혀 가려내야 한다. 골육 상쟁으로 풍속과 교화에 관계되는 것은 마땅히 엄중하게 징계해야 한다.

㈜
인륜지송…인륜에 관한 송사.
천상…하늘의 도리.
징지위엄…마땅히 엄하게 징계함.

詞證俱絶하고 券契無憑者는 察其情僞하야 物無遁矣라

正其風化(정기풍화)하고 發其隱慝(발기은특)은 咸由至誠(함유지성)이니 虛明照物(허명조물)은 不
可以言傳也(가이언전야)라

해설 증거 문서나 계약서 같은 것이 전혀 없어서 증빙할 것이 없는 경우라도 그 정황에서 거짓을 찾아내면 사실이 숨겨질 수 없다. 풍화를 바로잡고 숨겨진 간사함을 적발하는 것은 모두 지극한 정성에서 연유한다. 허명이 사물에 비치는 것은 말로 설명할 수 없다.
즉, 증거로 삼을 만한 것이 전혀 없을지라도 사물을 바르게 판단하려는 진실한 성심이 있으면 물욕도 사심도 선입 관념도 없는 사람의 텅 비고 맑은 마음은 사물을 밝게 비치는 신비한 힘이 있다. 이는 말로 설명할 수 없는 것이지만 이러한 마음은 반드시 사건의 단서를 찾아낼 수 있다는 뜻이다.

墓地之訟(묘지지송)은 今爲弊俗(금위폐속)이라 鬪毆之殺(투구지살)이 半由此起(반유차기)하고 發
掘之變(굴지변)을 自以爲孝(자이위효)니 聽斷不可以不明也(청단불가이불명야)니라

해설 묘지에 관한 송사는 이제 폐단의 풍속이 되었다. 싸우고 때려서 죽이는 사건의 반은 여기에서 일어나고 남의 묘지를 파버리는 변고를 스스로 효라고 생각하기도 하니 송사의 판결을 밝게 하지 않을 수 없다.

圖 발굴‥‥시체를 파냄.
청단‥‥송사를 판결함.

國典所載(국전소재)가 亦無一截之法(역무일절지법)하야 可左可右(가좌가우)하야 惟官所欲(유관소욕)

142

하니 民志不定하야 爭訟以繁이니

民(민) 志(지) 不(부) 定(정) 爭(쟁) 訟(송) 以(이) 繁(번)

해설 국가의 법전에 기재되어 있는 것이 또한 일정한 법이 없어 이렇게도 하고 저렇게도 할 수 있고 관의 마음대로 할 수 있다. 그러므로 백성의 뜻이 정하여지지 않고 쟁송이 번거롭게 되는 것이다. 오직

가좌 가우∴이렇게도 할 수 있고 저렇게도 할 수 있음.

貪(탐)惑(혹)旣(기)深(심)하야 攘(양)奪(탈)相(상)續(속)하니 聽(청)理(리)之(지)難(난)은 倍(배)於(어)他(타)訟(송)이니라

해설 묘송은 탐혹이 깊이 도둑질하고 빼앗는 일이 서로 잇달으니 그 소송을 판단하여 처리하기는 다른 소송보다 갑절이나 어렵다.

탐혹∴탐욕과 의혹.
양탈∴도둑질하고 빼앗음.

徵(징)債(채)之(지)訟(송)은 宜(의)有(유)權(권)衡(형)인댄 或(혹)尙(상)猛(맹)以(이)督(독)債(채)하고 或(혹)施(시)慈(자)以(이)
已(이)債(채)하야 不(불)可(가)膠(교)也(야)니라

해설 채권 관계의 소송은 마땅히 권형이 있어야 하나니 혹 사납게 독촉해서 받아 주기도 하고 혹 은혜를 베풀어 빚을 탕감해 주기도 하여 일정하게 법만을 지킬 것이 아니다.

권형∴일을 알맞게 조정함.

단옥(斷獄)

斷獄之要는 明愼而已라 人之死生이 係我一察하니 可
不明乎아 人之死生이 係我一念하니 可不愼乎아

해설 중대한 범죄를 판결하는 요체는 밝고 신중하게 하는 것뿐이다. 사람이 죽고 사는 것이 내가 한 번 살피는 데 달렸으니 어찌 밝지 않을 수 있을 것인가. 사람이 죽고 사는 것이 내가 한 번 생각하는 데 달렸으니 어찌 신중하지 않겠는가.

㈜ 단옥…중대한 범죄 사실을 판결함.
명신…밝고 신중함.

酷吏尙刑하야 其在史傳者는 多身被極刑하며 或子孫不
昌이라

해설 혹독한 관리로서 형벌 주기를 좋아한 자가 역사와 전기에 실려 있는 것을 보면 자신도 극형을 받은 경우가 많고, 혹은 자손도 창성하지 못했다.

遇有大獄은 己力所及하야 陰爲救援이면 種德邀福은 未

144

有大於是者也니라

(유 대 어 시 자 야)

해설 큰 옥사를 만나 자기의 힘이 미치는 데까지 남몰래 구해준다면 덕을 심고 복을 맞이하는 일로 이보다 더 큰 것이 없다.

즉, 큰 옥사가 만연하게 되면 연루된 자 중 열에 아홉은 억울한 사람이다. 이를 잘 변별하여 힘이 자라는 대로 목숨을 구해 주라는 뜻이다.

獄之所起면 吏校橫恣하야 打家劫舍하며 其村遂亡니 首
(옥 지 소 기) (이 교 횡 자) (타 가 겁 사) (기 촌 수 망)

宜慮者此也라 上官之初에 宜有約束이니
(의 려 자 차 야) (상 관 지 초) (의 유 약 속)

해설 옥사가 일어나면 이교가 횡포를 부려 집을 파괴하고 겁탈하여 그 마을이 망하게 된다. 먼저 염려해야 할 것은 이것이다. 부임한 처음에 마땅히 이런 일은 하지 않겠다는 마음의 약속이 있어야 한다.

즉, 대개 살옥 사건이 나면 그 범인은 사형을 받아야 하지만 연류된 자, 증인, 이웃 등도 심문을 받고 옥에 갇혀 고생하게 된다. 또한 이교의 농간으로 재물을 뺏기는 일도 많으므로 수령은 이를 단속해야 한다는 뜻이다.

獄體至重하나 檢場取招는 本無用刑之法라하니 今之官長
(옥 체 지 중) (검 장 취 초) (본 무 용 형 지 법) (금 지 관 장)

은 不達法例하고 雜施刑杖하니 大非也라
(부 달 법 례) (잡 시 형 장) (대 비 야)

해설 옥의 체제가 지극히 중대하나 현장 검증에서 취조하는 데에는 원래 형을 쓰는 법이 없는데 요즘의 관장은 법례에 통달하지 못해서 형장을 함부로 사용하니 이는 큰 잘못이다.

주 검장취초 : 현장을 검증하고 공초를 받는 것.
잡시형장 : 여러 가지 형벌을 내림.

檢招彌日에 錄之以同日이니 此宜改之法也니라

해설 검장의 취조가 여러 날 걸린 것을 한 날에 한 것처럼 기록하고 있으나 이는 마땅히 고쳐야 할 일이다. 즉, 심문에 여러 날 걸린 것을 자기의 공을 나타내기 위하여 당일에 한 것처럼 가장하는 경우가 있다. 처음에 실정을 말하지 않은 자가 최후에 사실을 고백하기도 한다. 그러므로 실정을 판별하는 데 날짜는 중요하므로 정확하게 기록하라는 뜻이다.

誣告起獄者는 嚴治勿赦하고 照反坐之律하야 以收罰金이나 或遂行遣라이니

해설 남을 무고하여 옥사를 일으킨 자는 엄하게 치죄해서 놓아 주지 말아야 하며, 반좌의 율에 비추어 벌금을 받거나 혹은 유형에 처해야 한다.
주 반좌 지율: 무고한 자에게 벌을 주는 법.

御印官印으로 偽造偽榻者는 察其情犯하야 斷其輕重하나니라

해설 어인, 관인을 위조하거나 속여 찍은 자는 그 정상과 범행의 정도를 살펴서 처벌의 경중을 판단해야 한다.

牧之用刑은 宜分三等이니 民事用上刑하고 公事用中刑하며 官事用下刑하야 私事無刑焉이 可也니라

해설: 목민관이 형벌을 시행하는 것은 마땅히 삼등으로 나누어야 한다. 민사에는 상등의 형벌을 쓰고, 공사에는 중등의 형벌을 쓰며, 사사에는 형벌을 쓰지 말아야 한다. 민사에는 상등의 형벌을 쓰고, 공사

민사…전정, 부역, 송사 등을 말한다.
공사…조운, 납세 등을 말한다.
관사…제사, 빈객, 조알의 예, 공봉의 직책 등을 말한다.
하형…태 10대.
중형…태 20대.
상형…태 30대.

執杖之卒을 不可當場怒叱이니 平時約束申嚴하고 事過懲治必信이면 則不動聲色이라 而杖之寬猛唯意也니라

해설: 집장한 군졸을 그 자리에서 꾸짖어서는 안 된다. 평소에 약속을 엄하게 언약하고 단속하며, 일이 끝난 후에 그 죄과를 징계하여 다스리는 것을 반드시 실행하면 소리를 지르거나 얼굴빛이 변하지 않더라도 장형의 너그럽고 사나움이 뜻대로 될 것이다.

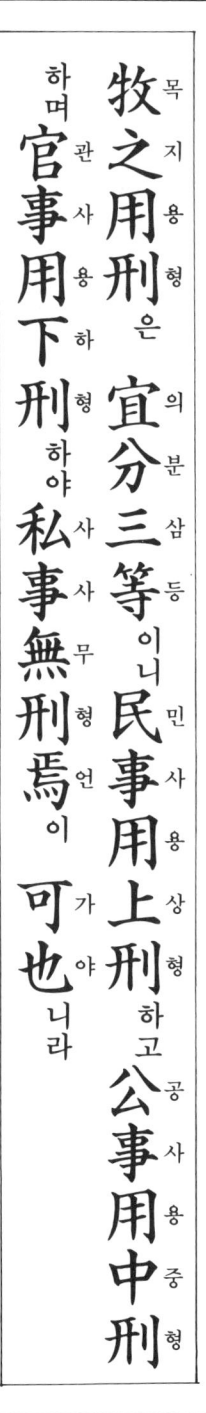

鬨
노질 … 성을 내어 꾸짖음.
신엄 … 거듭 엄중하게 신칙하는 것.
성색 … 음성과 표정

守令所用之刑은 不過笞五十自斷이니 自此以往은 皆濫刑也니라

해설 수령이 집행할 수 있는 형벌은 태 오십 대 이내를 자신의 재량으로 결정하는 데 지나지 않는다. 이를 초과하면 모두 남형이다. 즉, 때리는 형벌에는 세 가지가 있으니 태, 장, 곤이다. 이 가운데 수령이 내릴 수 있는 형벌은 태 오십 대를 스스로 결정하는 데 지나지 않으니 장이나 곤은 감히 쓸 수 없다는 뜻이다.

圖 남형 : 한계를 위반한 지나친 형벌.

刑罰之於以正民은 末也라 律己奉法하야 臨之以莊이면 則民不犯이나 刑罰雖廢之라도 可也라

해설 형벌로써 백성을 바르게 한다는 것은 최하의 방법이다. 목민관이 자신을 단속하고 법을 준봉하여 신중한 태도로 처신하면 백성은 법을 범하지 않은 것이니 형벌은 비록 폐지해도 좋을 것이다. 즉, 한 나라를 다스림은 한 집을 다스리는 것과 같으니 시끄럽게 자제나 노비를 꾸짖어 흩어지게 하면 가장은 가족과 고립되고 가도에도 어긋나지만 몸소 모범을 보이면 밑에서 저절로 따른다는 뜻이다.

古之仁牧은 必緩刑罰하야 載之史冊하야 芳徽馥然이라

해설 예전의 어진 목민관은 반드시 형벌을 너그럽게 했으니 이러한 사적들이 역사에 실려 있어 아름다운 이름이 빛난다.

㊅ 방휘복연 : 아름다운 이름이 빛난다.

婦女非有大罪던이어 不宜決罰이니 訊杖不可요 笞臀尤褻이라

해설 부녀자는 큰 죄를 지은 자가 아니면 매질하는 형벌을 행하지 못한다. 신장을 사용할 수 없으며 볼기를 치는것은 더욱 안 되는 일이다.

㊅ 결벌 : 벌을 행하는 것.
고신 : 형벌을 가해서 문초하는 것.
태둔 : 볼기를 치는 것.

老幼之不拷訊은 載於律文이니

해설 늙은이와 어린이를 고문하지 않는것은 율의 조문에 실려 있다.

獄者는 陽界之鬼府也니 獄囚之苦는 仁人之所宜察
也니라

해설 감옥은 이 세상의 지옥이다. 옥에 갇힌 죄수의 고통을 어진 사람은 마땅히 살펴야 한다.
즉, 옥중의 괴로움이 심한 것으로는 다섯 가지가 있으니 차꼬와 수갑을 차는 것, 토색을 당하는 것, 질병,
얼고 굶주리는 것, 체류하는 고통이 그것이다. 그러므로 수령된 자는 마땅히 이를 살펴야 한다는 뜻이다.

図 휼수‥죄수를 불쌍히 여김.

枷之施項은 出於後世이니 非先王之法也라

해설 나무칼을 목에 씌우는 법은 후세에 생긴 것이고, 선왕의 법은 아니다.

図 가‥죄수의 목에 씌우는 큰 칼.
시항‥목에 채우는 것.

獄中討索은 覆盆之冤也이니 能察此冤이면 可謂明矣라

해설 옥중에서 토색질 당하는 것은 남이 알지 못하는 원통한 일이다. 수령이 이 원통한 것을 살필 줄 안다
면, 밝다고 말할 수 있다.
즉, 감옥에서는 옥졸과 오래 된 죄수가 공모하여 새로 들어온 죄수에게 갖은 잔인하고 혹독한 형벌과 온갖
명목으로 재물을 약탈한다. 이것을 알아 살펴야 현명한 수령이라는 뜻이다.

図 복분지원‥남모르게 착취를 당하면서도 호소할 수 없는 원통한 일.

150

疾痛之苦_{질통지고}는 雖安居燕寢_{수안거연침}도 猶云不堪_{유운불감}늘이어 況於犴狴之_{황어안폐지} 中乎_{중호}아

해설 질병의 고통은 비록 좋은 집에서 편안히 살아도 오히려 견디기가 어려운 일이거늘 하물며 옥중에서야 어떻겠는가.

字 연침…좋은 집.
안폐…옥.

獄者_{옥자}는 無隣之家也_{무린지가야}요 囚者_{수자}는 不行之人也_{불행지인야}라 一有凍_{일유동}餒_뇌면 有死而已_{유사이이}라

字 동뇌∷추위와 굶주림,

해설 감옥이란 이웃 없는 집이고 죄수는 다니지 못하는 사람이다. 한 번 추위에 얼고 굶주리게 되면 죽음이 있을 뿐이다.

獄囚之待出_{옥수지대출}은 如長夜之待晨_{여장야지대신}이니 五苦之中_{오고지중}에 留滯其_{유체기} 最也_{최야}라

해설 죄수가 나가기를 기다리는 것은 긴 밤에 새벽을 기다리는 것과 같다. 죄수의 다섯 가지 고통 중에서 머물러 지체하는 것이 가장 고통스럽다.

墙壁疎豁하야 重囚以逸이면 上司督過니하리 亦奉公者之憂

장벽소활 중수이일 상사독과 역봉공자지우

也라

해설 감옥의 장벽을 허술하게 하여 중죄수를 탈주하게 하는 수령으로서 근심할 일이다. 즉, 옥리 중에는 뇌물을 받고 중죄인의 편의를 도모해 주는 자가 있어 파옥이나 탈주를 도모하는 경우가 있으니 수령된 자는 닷새마다 순회 감시해서 이런 일을 단속해야 한다는 뜻이다.

㊌ 소활…관리가 소홀한 것.
독과…허물을 추궁하는 것.
봉공자…공직을 맡아 보는 사람.

歲時佳節에 許其還家하야 恩信旣孚면 其無逃矣이라

세시가절 허기환가 은신기부 기무도의

해설 설이나 명절에 죄수가 집에 돌아가는 것을 허락하여 은혜와 신의로 서로 믿는다면 도망하는 자가 없을 것이다.

㊌ 세시가절…새해나 좋은 명절.
부…믿는 것.

久囚離家하야 生理遂絶者는 體其情願하야 以施慈惠니라

구수리가 생리수절자 체기정원 이시자혜

해설 집을 떠나 오래 옥에 갇혀 있어서 자녀의 생산이 끊기게 된 자는 그 정상과 소원을 잘 살펴서 자애와 은혜를 베풀어야 한다.

㊌ 생리수절…자녀의 생산이 끊김.

152

流配之人은 離家遠謫으로 其情悲惻하니 館穀安插도 牧之責也니라

해설 유배된 사람은 집을 떠나 멀리 귀양 왔으니 그 정상이 슬프고 가엾다. 집과 곡식을 주어 편안히 살게 하는 것도 또한 목민관의 직책이다.

쥐 관곡…집과 곡식.
안삽…편안하게 살게 하는 것.

금포(禁暴)

禁暴止亂은 所以安民이요 搏擊豪強하야 毋憚貴近은 亦牧民之攸勉也니라

해설 횡포한 것을 금하고 난동을 중지시키는 것은 백성을 편안하게 하는 것이요, 호세하고 부강한 자를 치고, 권귀와 근시를 꺼리지 않는 것도 또한 수령이 힘써야 할 일이다.

쥐 박격…단속함.
무탄 귀근…귀척이나 임금의 측근되는 사람들을 두려워하지 않는 것.

제해(除害)

土豪武斷은 小民之豺虎也니 去害存羊은 斯謂之牧이니라

해설 지방의 호세한 자가 위세를 부리는 것은 약한 백성에게는 승냥이요, 군랑이다. 해를 제거하고 양같이 순한 백성을 살려내야만 목민관이라고 말할 수 있다.

惡少任俠하며 剽奪爲虐者는 亟爲戢之니 不戢이면 將爲亂矣요 博戲賭錢者는 亦須嚴禁이라

해설 포악한 젊은이들이 협기를 부려서 물건을 약탈하며 침략하는 행위는 마땅히 급히 금지시켜야 한다. 금지하지 않으면 장차 난동을 부리게 될 것이다. 돈을 걸고 도박하는 것 또한 반드시 엄금해야 한다.

私屠牛馬者나 街路酗酒者는 並有法禁이라

해설 사사로이 소나 말을 도살하는 것과 시가의 큰길에서 술주정하는 것은 모두 법에 금지하는 조문이 있다.

爲民除害는 牧所務也니 一曰盜賊이요 二曰鬼魅요 三

曰虎狼이니 三者息而民患除矣라

해설　백성을 위해 해를 제거함은 목민관이 힘써야 할 바니 첫째는 도둑이요, 둘째는 잡귀요, 셋째는 호랑이다. 이 세 가지가 없어져야만 백성의 근심이 덜어질 것이다.

㈜ 귀매‥요사스러운 귀신
삼자식‥세 가지가 없어짐.

盜所以作은 厥有三馱하니 上不端表하고 中不奉令하고 下

不畏法하니 雖欲無盜나 不可得也라

해설　도적이 일어나는 데는 세 가지 이유가 있다. 위에서는 행실을 단정하게 하지 않고, 중간에서는 명령을 받들어 행하지 않고, 아래에서는 법을 두려워하지 않기 때문이니 아무리 도적을 없애려 해도 되지 않는다. 즉, 윗사람의 행실이 단정치 못하다는 것은 사신이나 목민관이 재물을 탐하여 법을 지키지 않고 백성의 고혈을 빨아 먹을 것만 생각하기 때문에 아랫 사람을 단속할 수가 없다는 뜻이다.

㈎ 삼요‥세 가지 이유.
단표‥행실을 단정하게 하는 것.

朱墨之識를 表其衣裾는 自古有說이니 頗可試也라

해설　인주나 먹으로 그 옷에 표시하는 것은 예전부터 이야기가 있다. 시험해 볼 만한 일이다.

155

주 자고 유설 : 예전부터 이야기가 있다는 뜻으로 이것의 유래는 다음과 같다. 성창이란 사람이 현령이 되었을 때 도둑 수백 명이 관고에 침입했다. 창은 나무 뒤에 숨어서 인주와 먹을 도둑들의 옷에 뿌려 표를 했다가 이튿날 잡게 했다.

運智設機하야 發其幽隱은 在乎覃思以求獲이니 靡不得矣라

해설 : 지혜를 움직이고 기틀을 만들어서 그윽하고 숨은 것을 적발하는 일은 그들을 사로잡을 것을 깊이 생각하는 데 있다. 그렇게 하면 잡지 못하는 것이 없다.

德化攸感이면 物無不格늘 此萃六爻之所以皆無咎也니라

주 덕화 : 덕행의 감화

해설 : 덕화로 감복시키면 감동하지 않는 사람이 없다. 이것이 〈역경〉의 여섯 효의 효사가 다 「허물이 없다」고 말한 까닭이다.

凶年子弟多暴하니 草竊小盜는 不足以大懲也니라

주 초절소도 : 변변치 않은 작은 도둑.

해설 : 흉년이 들면 젊은이들의 횡포가 많아지니 하찮은 좀도둑은 크게 징계하지 않아도 된다.

誣引富民하야 枉施虐刑은 爲盜賊報仇며 爲吏校征貨

니 是之謂昏牧也니라

해설　무고로 부민을 잡아다가 함부로 혹독한 형벌을 가하는 것은 도둑을 위해 원수를 갚아 주는 일이며 아전과 교졸을 위해 돈을 벌게 해주는 것이니 이를 일러 혼암한 목민관이라고 한다.

즉, 도둑이 잡히면 엉뚱하게 평소 원한이 있는 사람을 일당이라고 무고하여 끌어 넣는 경우가 있으니 목민관은 이를 잘 살펴야 한다는 뜻이다.

鬼魅作變은 巫導之也니 誅其巫하고 毁其祠라야 妖無所憑也리요

해설　귀매가 작변하는 것은 무당의 짓이다. 무당을 벌하고 그 당집을 헐면 요사한 귀신이 의지할 곳이 없을 것이다.

㊟ 요무소빙 : 요마가 의지할 곳이 없음.

虎豹噉人하고 數害牛豕어든 設機弩穽攫하야 以絶其患이니

해설　호랑이나 표범이 사람을 물고 자주 소나 돼지를 해칠 때에는 틀과 노도와 덫과 함정을 설치하여 그 근심을 없애야 한다.

㊟ 담인 : 사람을 무는 것.

공전육조(工典六條)

산림(山林)

山林_{산림}者_자는 邦_방賦_부之_지所_소出_출이니 山_산林_림之_지政_정을 聖_성王_왕重_중焉_언라이니

해설 산림은 나라의 부공이 나오는 곳이므로 옛 성군들은 산림 행정을 중요시했다.
즉, 우리 나라의 산림 행정은 소나무에만 비중을 두고, 그 외의 전나무, 잣나무, 단풍나무, 비자나무 등에
대해서는 힘을 쓰지 않았으므로 이것부터 고쳐야 한다는 뜻이다.

封_봉山_산養_양松_송은 其_기有_유癘_려禁_금하니 宜_의謹_근守_수之_지하며 其_기有_유奸_간弊_폐어든 宜_의
細_세察_찰之_지니라

해설 봉산에 소나무를 기르는 것은 엄중한 벌채 금령이
이 농간하는 폐단이 있으면 마땅히 세밀히 살펴야 한다.
주 봉산: 나라에서 지정하여 벌채를 금지한 산.

있으니 목민관은 마땅히 삼가 지켜야 하며, 아전들

裁植之政은 亦德法而已라 量可久任던이어 宜遵法典되

知其速遞어든 無自勞矣니라

해설 나무를 심어 가꾸는 행정은 또한 쓸데없는 법일 뿐이다. 스스로 헤아려 보아서 오래 유임할 수 있다면 마땅히 법전을 좇아서 식목해야 하지만, 빨리 바뀔 것을 안다면 헛된 수고를 하지 말아야 한다.

西北蔘貂之稅는 宜從寬假요 其或犯禁이라도 宜從闊略

斯可曰淸吏也니라

해설 서북도의 인삼과 초피의 세금은 마땅히 너그럽게 해주어야 한다. 혹 법금을 범하더라도 너그럽게 용서해야 청백한 관리라고 할 수 있을 것이다.

삼초∴인삼과 초피. 이 둘은 귀중한 산물이다.

金銀銅鐵의 舊有店者는 察其奸惡하고 新爲礦者는 禁

其鼓冶니라

해설 금, 은, 동, 철의 예전부터 있던 광산은 그곳에 간악한 무리가 모여 있지 않는가를 살펴야 하고 새로 채광하려는 자는 그 제련을 금지시켜야 한다.

금∴광석을 녹여서 광물을 빼내는 것.

159

천택(川澤)

川澤者는 農利之所本이니 川澤之政을 聖王重焉이라

해설 천택은 농리의 근본이 되는 것이니 옛날의 어진 임금은 천택에 대한 행정을 소중히 여겼다.

川流逕縣하고 鑿渠引水하야 以漑以灌하고 與作公田하야 以補民役이 政之善也니라

해설 냇물이 흘러서 고을을 지나가면 도랑을 파고 물을 끌어들여서 논에 댄다. 백성들로 하여금 공전을 경작케 하여 민역에 보충하는 것도 선정인 것이다.

歷觀前史하니 良牧之蹟은 都在此事니라

해설 차례로 옛날의 역사를 보니 훌륭한 목민관의 치적은 모두 이 일에 있었다.

若夫不度하고 妄鑿渠路하야 其事不集이면 反或貽笑라

해설 만일 지세를 살펴보지 않고 함부로 수로를 뚫었다가 그 일이 성취되지 못하면 도리어 웃음거리가 된다.

小曰池沼요 大曰湖澤이며 其障曰陂니 亦謂之堤늘 所
以節水라 此澤上有水之所以爲節也니라

해설　작은 것을 지소라 하고 큰 것을 호택이라고 한다. 그 막는 것을 방축 또는 제방이라고 하는데 이는 물을 아끼기 위함이다. 이것이 〈역경〉에서 못에 물이 있는 괘상을 절이라고 한 까닭이다. 즉, 〈역경〉의 절괘는 못에 물이 있으니 그 못의 크기가 정해져 있어 물을 모아 두는 데 한계가 있고, 물의 양에도 한도가 있어 무한히 쓸 수 없다. 물을 모아 두는 것이나 사용하는 것에 절도가 필요하다는 뜻이다.
㊟ 절∷〈역경〉의 절괘로서 못에 물이 있는 것을 상징하는 괘상이다.

若瀕海捍潮하고 內作膏田이면 是名海堰이니

해설　만일 바닷가에 방파제를 쌓는다면 그 안에 기름진 땅을 만들 수 있다. 이것을 바다의 둑이라 일컫는다.

土豪貴族이 擅其水利하야 專漑其田者는 嚴禁이니

해설　토호와 귀족이 수리를 독점하여 오로지 자기네의 논에만 물을 대는 것을 엄금해야 한다.

江河之濱이 連年衝決하야 爲民巨患者는 作爲堤防하야
以安厥居니라

해설 큰 강물의 물가가 해마다 부딪쳐 무너져서 백성들에게 큰 근심거리가 되고 있는 곳은 제방을 만들어서 그들의 생활을 안정시켜야 한다.

※ 충결 : 부딪쳐서 무너지는 것.

商旅所行이나 船舶所聚로 凡可以修築者는 修築之라

해설 상인과 나그네가 다니는 곳이나 뱃길이 통하는 곳으로서 수축할 수 있는 것은 해야 한다.

池澤所産은 魚鼈蓮芡菱蒲之屬이니 爲之屬守하야 以補 民役이요 不可自取以養己라

해설 연못에서 생산되는 물고기, 자라, 연, 마름, 부들 등을 엄중히 지켜서 민역에 보충해야 하며, 목민관 자신이 취하여 자기를 살찌게 해서는 안 된다.

※ 양기 : 자기 배를 부르게 하는 것.

선해(繕解)

廨宇頹圮하야 上雨旁風이라 莫之修繕하고 任其崩毀면 亦 民牧之大咎也니라

관아의 사옥이 기울거나 무너져서 위로는 비가 새고 옆으로는 바람이 들어오는데도 수선하지 않고 무너지고 헐어지도록 내버려 두는 것은 또한 목민관의 큰 잘못이다. 즉, 어질지 못한 목민관은 그 뜻이 돈 버는 데에만 있고 벼슬을 오래 할 궁리만 한다. 그러므로 청사가 무너져도 고칠 생각을 않게 되는데 이는 목민관의 잘못이라는 뜻이다.

㊟ 선해‥관아의 사옥을 수선하는 것.
퇴비‥무너지는 것.

律有擅起之條하고 邦有私建之禁이나 而先輩於此에 自
若修擧니라

해설 〈대명률〉에는 함부로 공사를 일으키는 것을 금하는 조문이 있고, 나라에는 사사로이 건축하는 것을 금지하는 규정이 있으나 전임자들은 여기에 구애되지 않고 수선 공사를 했다.

㊟ 천기‥제 마음대로 공사를 일으키는 것.
어차자약‥이에 대해서 구애받지 않는다.
수거‥수선을 행함.

樓亭閑燕之觀은 亦城邑之所不能無者라

해설 누대, 정자 등 한가하고 운치 있는 것은 또한 고을에 없을 수 없는 시설이다.

㊟ 한연지관‥한가롭고 운치 있게 보이는 구경거리.

吏校奴隷之屬은 宜令赴役하며 募僧助事도 是亦一道
니라

아전과 군교와 노예의 무리는 마땅히 부역에 나와야 하며 중을 모아 일을 돕게 하는 것도 또한 한 가지 방법이다.

풀이 의령부역∷마땅히 부역에 나가도록 해야 한다.

鳩材募工은 總有商量늘이어 弊竇는 不可不先塞이며 勞費
不可不思者라

해설 재목을 모으고 기술자를 모집할 때는 전체를 자세히 헤아려 생각해야 한다. 폐단이 생길 구멍부터 먼저 막지 않을 수 없으며 노력과 비용도 생각하지 않을 수 없다.

풀이 구재∷재목을 모은 것.
폐두∷폐단이 생길 구멍.

수성(修城)

修城浚濠하야 固國保民은 亦守土者之職分也니라

해설 성을 수축하고 호를 파서 국방을 굳게 하고 백성을 보호하는 것은 또한 영토를 지키는 자의 직분이다.

풀이 호∷성 밑을 따라 깊은 연못을 파서 적의 접근을 막는 것.

兵興敵至하야 臨急築城者는 宜度其地勢하고 順其民情

164

라이니

전쟁이 일어나고 적이 이르러서 급한 때를 당하여 성을 쌓게 된다면 마땅히 지세를 살피고 민정에 순응해야 한다.

城而不時면 則如勿城이니 必以農隙이 古之道也니라

해설 성을 쌓되 제때가 아니면 성을 쌓지 않는 것만 못하다. 반드시 농한기를 이용하는 것이 옛날의 법이다.

古之所謂築城者는 土城也라 臨難禦寇는 莫如土城

이라

해설 옛날에 이른바 축성이라고 한 것은 흙으로 쌓은 성이었다. 변란을 당하여 적을 방어하는 데는 토성만

한 것이 없다.

图 어구 : 도적을 막음.

堡垣之制는 宜遵尹耕堡約하며 其雉堞敵臺之制는 宜

益潤色이니

해설 보원의 제도는 마땅히 〈윤경보약〉을 따라야 하며 그 치첩과 적대의 제도는 마땅히 윤색을 더해야 한다.

其在平時에는 修其城垣하야 以爲行旅之觀者면 宜因其舊하야 補之以石이니라

해설 평시에 성원을 수리하여 길 다니는 나그네의 관광거리로 하려면 마땅히 옛 것에 따라서 돌로 보수해야 한다.

주 성원 : 성의 담.
인기구 : 옛 것을 따르는 것.

도로(道路)

修治道路하야 使行旅願出於其路는 亦良牧之政也라

해설 도로를 닦고 수리해서 길 다니는 나그네로 하여금 그 길로 다니기를 원하게 만드는 일도 또한 어진 목민관의 정사인 것이다.

橋梁者는 濟人之具也니 天氣旣寒이면 宜卽成之니라

해설 교량은 사람을 건너게 하는 시설이다. 날씨가 추워지면 마땅히 곧 설치해야 한다.

주 제인 : 사람을 건네 주는 것.

166

津不闕舟하며 亭不缺堠면 亦商旅之所樂也니라

해설: 나루터에 배가 없는 일이 없으며 역정에 후가 없는 일이 없으면 또한 상인이나 나그네들이 즐거워할 것이다.

图 후:: 거리를 표시한 돈대. 5리마다 이수를 기록해 놓았다.

店不轉任하고 嶺不擡轎면 民可以息肩矣리오 店不匿奸
院不恣淫이면 民可以淑心矣리요

해설: 여점에서 물건을 져 나르지 않고 고개에서 가마를 메지 않는다면 백성들이 어깨를 쉴 수 있을 것이다. 객점에서 간악한 자를 숨기지 않고 참원에서 음탕한 행동을 함부로 하지 않는다면 백성들의 마음이 맑아질 것이다.

图 전임: 짐을 져 나르는 것.
식견: 어깨를 쉼.
자음: 음란한 행동을 합부로 함.

路不鋪黃하고 畔不植炬면 斯可曰知禮矣리오

해설: 길에 황토를 깔지 않고 길가에 햇불을 세우지 않는다면 가히 예를 안다고 할 수 있다. 즉, 도로 한가운데 황토를 깔고 햇불을 세우는 것은 임금의 거둥 때에만 있는 것인데, 그것을 베푼 자의 아첨이 되고 그것을 받는 자는 참람함이 된다는 뜻이다.

167

장작(匠作)

工作繁興하고 技巧咸萃는 貪之著也라 雖百工具備라도
而絕無製造者는 清士之府也니라

해설 공작을 번다하게 일으키고 기교 있는 장인을 다 모으는 것은 탐욕이 드러난 것이다. 비록 온갖 기술자가 다 갖추어졌어도 결코 사사로운 기물을 제조하는 일이 없어야 청렴한 선비의 관부이다.

圖 장작…기술자를 시켜 기물을 만듦.
함췌…모두 모음.

設有製造라도 毋令貪陋之腸이 達於器皿이니

해설 설혹 기물을 제조하는 일이 있을지라도 탐욕스럽고 비루한 마음이 기명에까지 뻗치게 하지는 말아야 한다.

凡器用製造者는 宜有印帖이니

즉, 〈다산필담〉에 「내가 옛 그릇을 보니 그 구리쇠가 매우 얇고 옛 서적을 보아도 그 종이가 매우 얇다. 근래에 탐욕스러운 풍습이 날로 성해져서 구리쇠 그릇의 무게는 옛 것보다 3배나 되고 서적의 종이는 옛 것의 2배는 된다하여 그 까닭을 물었더니 『팔면 무겁고 두껍기 때문에 값이 많이 나간다』고 대답하니 나는 이 두 가지 일을 부끄럽게 여긴다」고 하였으니 이러한 탐욕을 경계한다는 뜻이다.

168

무릇 기물을 제조하는 데에는 마땅히 인접이 있어야 한다. 즉, 기물은 가볍고 얇은 것과 무겁고 두꺼운 것에 따라 기물을 제조해야 한다는 뜻이다.

圖 인접 : 관인을 찍은 증서.

作爲農器하야 以勸民耕하고 作爲織器하야 以勸女功이 牧
之職也니라

해설 농기구를 제작하여 백성들에게 경작을 권장하고 베짜는 기구를 만들어서 부녀자들에게 길쌈을 권장하는 것은 목민관의 직책이다.

즉, 목민관은 정사하는 여가에 옛 방법을 고증하고 창의를 운용해서 농기구, 방직 기구를 제작하여 백성들에게 가르쳐야 한다는 뜻이다.

作爲田車하야 以勸農務하고 作爲兵船하야 以設戎備도 牧
之職也라

해설 전거를 만들어서 농사를 권장하고 병선을 만들어서 전쟁에 대비하는 일은 목민관의 직책이다.

즉, 전거는 풀을 운반하고 분뇨를 실어내고 곡식을 운반하는 기구로서 농사에 큰 도움이 되는 것이니 이의 제작에 힘써야 하며 또한 언제 외적이 쳐들어올지 알 수 없으므로 이에 대한 준비를 소홀히 해서는 안 된다는 뜻이다.

講燒甓之法하고 因亦陶瓦하야 作邑城之內로 悉爲瓦屋

169

도 亦_역善_선政_정也_야니라

해설 벽돌 굽는 법을 가르치고 또한 기와를 구워서 고을안을 모두 기와집으로 만드는 것 또한 선정이다.

量_양衡_형之_지家_가異_이戶_호殊_수는 雖_수莫_막之_지救_구나 諸_제倉_창諸_제市_시는 宜_의令_령畫_획一_일이니 라

해설 되와 저울이 집집마다 다른 것은 어찌할 수 없으나 모든 창고와 모든 시장의 것은 마땅히 같게 해야 한 다.

주 양형 : 양은 말이나 되를 가리키며 형은 저울을 말한다.

170

진황 육조(賑荒六條)

비자(備資)

荒政은 先王之所盡心이니 牧民之材를 於斯可見이라 荒政善이면 而牧民之能事畢矣라

해설 황정은 선왕의 마음을 기울이던 바이니 목민관의 재능을 여기에서 볼 수 있다. 황정을 잘하면 목민관이 할 일을 다했다 할 것이다.

㈜ 황정:구황하는 정치, 즉 기근을 구제하는 정치.

救荒之政은 莫如乎預備니 其不預備者는 皆苟焉而已라

171

해설 구황하는 행정은 미리 준비해 두는 것이 제일이다. 미리 준비해 두지 않으면 모두 구차하게 된다. 즉, 예비의 정사는 두 가지가 있으니 그 하나는 포흠난 곡식을 거두는 것이다. 관리의 포흠은 곡식값이 헐한 풍년에 곡식을 거두어 들여 창고를 채워 흉년에 대비하는 것이다. 목민관은 이러한 대비를 빈틈없이 해야 된다는 뜻이다.

穀簿之中에 別有賑穀하니 本縣所儲의 有無虛實을 亟 爲査檢이니라

해설 양곡의 장부에는 따로 진곡이 있으니 본현에서 저축한 진곡의 유무와 허실을 마땅히 급히 조사해야 한다.

즉, 감사가 흉년에 대비한 양곡을 영진곡이라 하고, 수령이 대비해 놓은 것을 사비곡 또는 사진곡이라 하는데, 평소에 남겨 둔 양곡의 수량과 포흠 수량의 많고 적음을 조사하여 흉년에 대비해야 된다는 뜻이다.

※ 진곡……곡식 장부.
※ 진곡……백성을 구제하는 곡식.
※ 소저……저축한 것.

不俟詔令하고 便宜發倉은 古之義也나 使臣之行也니 令之縣令이 則何敢焉이리요

해설 조령을 기다리지 않고 편의로 곡식 창고를 여는 것은 옛날의 의이며 사신의 행적이다. 오늘의 현령이 어찌 감히 할 수 있으랴.

즉, 옛날의 의란 진나라 곽묵을 생각하고 한 말이다. 곽묵이 동군태수가 되었을 때 흉년이 들어 사람들이 주리므로 조정의 명령을 기다리지 않고 나서 스스로 글을 올려 대죄하니 황제가 그의 영단을 칭찬했다 한다.

그러나 이러한 융통성을 보이기보다는 원칙에 충실해야 한다는 뜻이다.

歲事旣判이면亟赴監營하야 以議移粟하고 以議燭租니라

해설 그 해의 농사가 흉년으로 이미 판정되면 급히 감영에 가서 양곡을 옮겨 오는 일, 조세를 감면해 줄 일을 의논해야 한다.

국 세사: 그 해의 농사.

歲事旣判이면宜飭水田代爲旱田하야早播他穀하며及秋

申勸種麥하나니라

해설 흉년이 들 것이라고 이미 판정되면 마땅히 논을 밭 대신으로 하여 일찍 다른 곡식을 심도록 시켜야 하며, 가을이 되면 보리 심기를 거듭 권장해야 한다.

즉, 목민관은 흉년시에 구휼에 힘쓰고, 백성들에게는 구황 작물을 재배하도록 하여 백성 스스로 기아를 극복할 수 있도록 지도해야 한다는 뜻이다.

隣境有粟이면宜即私糴이니須有朝令이라乃毋遏也니라

해설 이웃 고을에 양곡이 있으면 수령은 즉시 사적하는 것이 좋다. 비록 조정의 명령이 있더라도 이를 막지 말아야 한다.

즉, 목민관은 흉년이 들면 이웃 고을에 가서 곡식을 사들여 백성들을 구제해야 한다는 뜻이다.

其在江海之口者는須察邸店하고禁其橫暴하야使商船

해설 강이나 바다의 어구에서는 반드시 저점을 사찰하고 그들의 횡포를 금하여 상선이 모여들게 해야 한다.

즉, 흉년에 장사하는 배가 포구에 들어오면 점주와 말질하는 아랑이 제멋대로 값을 깎는다든지 관교와 읍리가 횡포하여 장사꾼들이 포구에 들어오지 않아 쌀값이 오르는 경우가 있으니 목민관은 저점을 잘 단속해야 한다는 뜻이다.

권분(權分)

中國勸分之法은 皆是勸糶이요 不是勸饑며 皆是勸施
不是勸納이라 皆是身先이요 不是口說이며 皆是賞勸이요
不是威脅이니 今之勸分者는 非禮之極也니라

해설 중국의 권분법은 곡식 팔기를 권한 것이지 굶주린 백성을 먹이기를 권하는 것이 아니었으며, 은혜 베풀기를 권한 것이지 관에 바치는 것을 권하지 않았다. 자신이 먼저 실행하는 것이지 입으로 하는 것이 아니었으며, 상을 주어 권했던 것이지 위협한 것이 아니었다. 그런데 지금의 권분이란 비례의 극이다.

즉, 본래 권분이란 목민관이 먼저 자기가 가진 것을 나누어 줌으로써 백성들에게 모범을 보여 흉년시에 구휼하는 것인데 지금은 돈 한 푼 내지 않으면서 백성들에게만 바치게 강제하니 이는 예가 아니라는 뜻이다.

註 권분 : 나누어 주기를 권함. 여기에서는 흉년이 들었을 때 사람들에게 곡식을 나누어서 기민 구제를 권하는 것.

仁人之爲賑也는 哀之而已라 自他流者受之하고 自我
流者留之하야 無此彊爾界也라

해설 어진 사람이 이재민을 구제하는 것은 오직 그들을 가엾게 여기기 때문이다. 딴 곳에서 흘러들어오는 자는 받아들이고 내 고을에서 떠나려는 자를 머무르게 하여 내 고을 사람이니 네 고을 사람이니 하는 차별을 두지 말아야 한다.

즉, 어진 목민관일수록 흉년이 들면 몸소 재물을 내어 주린 백성을 구제하고 이웃 마을에서 유입한 자들까지 차별하지 않고 나누어 주어야 한다는 뜻이다.

今之流民은 往無所歸하니 惟宜惻怛勸諭하야 俾勿輕動
하나
니라

해설 요즘의 유리하는 백성은 가더라도 돌아갈 곳이 없다. 마땅히 불쌍하게 여기고 권유하여 경솔하게 고향을 떠나는 일이 없도록 해야 한다.

규모(規模)

賑有二觀하니 一曰及期요 二曰有模니 救焚拯溺을 其

可以玩機乎아 駄衆平物에 其可以無模乎아

해설 진휼할 때 두 가지 보아야 할 것이 있으니 첫째는 시기를 맞추는 것이요, 둘째는 규모가 있어야 한다. 불에 타는 사람을 구하고 물에 빠진 사람을 건지는 데 어찌 시기를 늦출 수 있으며 여러 사람들을 다스리고 물건을 고르게 하려는 것인데 어찌 규모가 없을수 있겠는가. 즉, 대개 가뭄의 피해는 극심하여 온나라가 그 화를 입게 되므로 진황을 할 때는 시기에 맞추어 공평하게 해야 된다는 뜻이다.

可行也니라 若夫賑糶之法은 國典所無로대 縣令有私糶之米어든 亦

图 진적 :: 빈민의 구제를 위하여 양곡을 파는 것.

해설 진적에 관한 법은 국전에도 없는 것이나 현령이 사사로이 사들인 쌀이 있으면 또한 진적을 행하도록 한다.

其設賑場에는 小縣宜止一二處요 大州須至十餘處가 乃古法也니라

해설 진장의 설치는 작은 고을은 마땅히 한두 곳에 그칠 것이요, 큰 고을은 반드시 십여 곳에 이르게 하는 것이, 옛날의 법도다. 즉, 진장을 적당하게 설치하여 주린 백성들이 멀리 가는 괴로움을 겪지 않도록 하라는 뜻이다.

乃選饒戶하야 分爲三等하고 三等之內에 又各細剖라

해설 부유한 집을 가려서 세 등급으로 나누고 세 등급 안에서 다시 세밀하게 나눈다.

乃選饑口하야 分爲三等하고 其上等을 又分爲三級하고 中

해설 굶주리는 가구를 가려서 세 등급으로 나누고 그 상등을 세 등급으로 다시 세분하고 중등과 하등은 각

等下等은 各爲一級이니

해설 굶주리는 정도를 구분하여 형편에 따라서 진휼해야 한다는 뜻이다.

설시(設施)

乃簸穀粟하야 以知實數하고 乃算饑口하야 以定實數하고 乃

해설 양곡을 정선하여 실제 수량을 계산하고 구제를 요하는 자의 수를 헤아려 인원을 결정한다. 이어 소금

算鹽醬하며 乃閱海菜라

해설 소금과 장을, 계산하고 해채를 검사한다. 즉, 국가에서 내려 준 곡식과 감영에서 보내온 곡식들은 겨나 껍질이 많이 섞여 있으므로 키로 까불려서 실제적인 수량을 파악하고 소금, 간장, 미역 등도 식구 수에 맞게 분배하라는 뜻이다.

乃設賑廳하고乃置監吏하며乃具鏤釜하고乃具鹽醬海帶

라

해설 진청을 설치하여 감리를 두고 큰 솥과 가마 그리고 소금, 장, 미역을 준비한다.

圖 감리‥감독하는 아전.

乃作賑牌하고乃作賑印하며乃作賑旗하고乃作賑斗하며乃

作閽牌하고乃修賑曆라이니

해설: 진패를 만들고 진인을 새기며 진기를 만들고 진두를 만든다. 혼패를 만들고 진력을 마련한다. 혼패를 만들고 감리는 장부를 조사해서 도장을 찍고 진패를 내주어 마땅히 나가 먹게 하는 절차를 확실하게 하라는 뜻이다.

圖 진패 : 진휼을 받을 수 있는 목패로된 증서.
진인 : 진휼할 때 찍는 도장.
진기 : 진휼을 받는 조직의 표시로서 사용되는 기.
진두 : 진휼할 때 쓰이는 말과 되.

小寒前十日에書賑濟條例及賑曆一部하야頒于諸鄕

라이니

178

小寒之日에 牧夙興詣牌殿瞻禮하고 仍詣賑場하야 饋粥 頒餼니라

해설 소한에는 수령이 일찍 일어나서 패전에 나아가 우러러 배례하고 나서 진장에 나아가 죽을 주고 희미를 나누어 준다.

즉, 목민관은 소한에 패전의 예를 행한 후 진장에 나가서 죽의 묽고 된 것, 싱겁고 짠 것, 미역의 많고 적은 것, 새우가 있고 없는 것 등을 자세히 살펴 기울어짐이 없도록 해야 한다는 뜻이다.

國 숙흥—일찍 일어남.
패전—국왕의 위패를 모셔 놓은 전각. 매월 초하루와 보름에 지방관들이 패전에 나와 절을 하였다.
첨례—임금이 계신 대궐을 바라보고 행하는 예.

立春之日에는 改曆修牌하고 大展其規하며 驚蟄之日에는 頒其貸 其貸하고 春分之日에는 頒其出糶하며 清明之日에는 頒其貸 니라

해설 입춘에는 진력을 고치고 진패를 정리하여 그 규모를 크게 정비한다. 경칩에는 대여곡을 나누어 주고 춘분에는 조미를 나누어 주고 청명에는 종자 대곡을 나누어 준다.

즉, 진곡은 입춘이 되면 장부가 복잡해지므로 진력을 고치고 경칩에는 농사일이 시작되므로 양식을 보조해 주며 청명에는 씨 뿌리는 일이 급하므로 종자를 보조해 주라는 뜻이다.

流乞者는 天下之窮民而無告之者也니 仁牧之所盡 心이요 不可忽也니라

해설 유리 걸식하는 자는 천하고 곤궁한 백성으로서 하소연할 곳이 없는 자이니 어진 목민관은 이들의 구제에 마음을 다해야 할 것이요, 소홀히 여겨서는 안 된다.
즉, 대개 진휼은 일반 백성들에게 치중하여 유리 걸식하는 자들은 밥 한술도 얻어먹지 못하는 경우가 많았으나 목민관은 이러한 궁민들에게도 베풀어야 한다는 뜻이다.

死亡之簿는 平民饑民으로 各爲一部니라

해설 죽은 자의 명부는 평민과 기민으로 구분하여 한 부씩 만들어야 한다.

饑饉之年에는 必有癘疫이나 其救療之方과 收瘞之方을 益宜盡心이니

해설 기근이 든 해에는 반드시 전염병이 퍼지니 그들의 구제와 치료 방법과 거두어 묻는 일에 마땅히 마음을 다해서 해야 한다.
즉, 목민관은 전염병 발생을 알게 되면 즉시 약을 나누어 주고 이웃 마을과 협력하여 병을 물리칠 방도를 강구해야 된다는 뜻이다.

困 여역…나쁜 전염병.
수예…거두어 묻는 것.

嬰孩遺棄者는 養之爲子女하고 童穉流離者는 養之爲

奴婢하야 並宜申明國法하야 曉諭上戶니라

해설 갓난아이를 버리면 거두어 길러서 자녀로 삼고 떠돌아다니는 어린아이를 길러서 노비로 삼도록 국법을 설명하고 상호에 타일러서 기르게 해야 한다.

영해…갓난아이.
동치…어린아이.

보력(補力)

春日旣長던이어 可興工役이니 公廨頹圮어든 須修營者는 宜

於此時補葺라이니

해설 봄날이 되어 해가 길어지면 공역을 일으켜 관아의 청사가 퇴락해서 수선해야 할 것은 마땅히 이때에 보수하고 이엉을 덮어야 한다.

보즙…보수하고 이엉을 덮음.

救荒之草로 可補民食者는 宜選佳品하야 令學宮諸儒

抄取數種하야 使各傳聞이니

해설 구황할 수 있는 풀로서 백성들의 식량에 보충할 수 있는 것은 마땅히 좋은 것을 골라 학궁의 여러 유생들로 하여금 몇 가지 종류를 뽑아서 각각 전해 알리도록 한다.

凶年除盜之政은 在所致力하야 不可忽也니 饑民放火者는 宜亦嚴禁이라

해설 흉년에는 도둑을 막는 정치에 힘써야 할 것이며 소홀하게 해서는 안 된다. 굶주린 백성이 방화하는 것도 또한 엄금해야 한다.

즉, 굶주림은 백성을 폭도로 만들게 된다. 비록 그들이 남의 곡식을 빼앗거나 방화를 했어도 굶주림 때문이니 가혹한 형벌을 금하고 예방에 힘써야 한다는 뜻이다.

糜穀莫如酒醴니 酒禁未可已也니라

해설 양곡을 소모하는 것 중에 술과 단술보다 더한 것이 없으니 술을 금하지 아니할 수 없다.

즉, 흉년에는 양곡이 긴요하니 술과 단술을 만들지 못하도록 해야 한다는 뜻이다.

薄征己責은 先王之法也라 冬而收糧하고 春而收稅와 乃民庫雜徭나 邸吏私債는 悉從寬緩이요 不可催督이니

賑事將畢이어 點檢始終하야 所犯罪過를 一一省察이니

해설 진휼하는 일이 장차 끝나려 할 때는 처음부터 끝까지를 점검하고 범한 죄과를 낱낱이 살펴야 할 것이다.

芒種之日에 旣罷賑場하고 乃設罷賑之宴호되 不用妓樂하나니라

해설 망종에는 진장을 폐쇄하고 파진의 연회를 열되, 기악은 쓰지 말아야 한다. 즉, 파진연은 큰일을 마치고 나서 수고한 자들을 위로하는 잔치지만 경사스럽고 기쁜 일은 아니다. 흉년 끝에 베푸는 잔치이니 춤과 음악은 절대 쓰지 말아야 한다는 뜻이다.

大饑之餘로 民之綿綴이 如大病之餘에 元氣未復하니 撫綏安集을 不可忽也니라

해설 크게 기근이 든 뒤에는 백성의 피폐함이 큰 병을 치르고 난 뒤에 원기를 회복하지 못한 것과 같으니 어루만져 안정시키는 일을 소홀히 해서는 안 된다.

해설 흉년에는 세금을 적게 하고 공채를 탕감해 주는 것이 선왕의 법이다. 겨울에 받아들이는 양곡과 봄에 거둬들이는 세금과 민고잡부와 저리의 사채를 모두 너그럽게 늦추어 주고 독촉해서는 안 된다.

해관 육조(解官六條)

체대(遞代)

官必有遞하니 遞而不驚하고 失而不戀이면 民斯敬之矣리라

해설 : 벼슬은 반드시 체임되는 것이니 갈려도 놀라지 않으며 잃어도 연연하지 않으면 백성이 공경할 것이다.

㈜ 체대 : 벼슬이 바뀜

棄官如蹝는 古之義也니 旣遞而悲면 不亦羞乎아

해설 : 벼슬 버리기를 헌신짝 버리듯이 하는 것이 예전의 도리였다. 해임되어서 슬퍼한다면 또한 부끄럽지 않겠는가.

㈜ 여사 : 신짝같이 한다.

治簿有素하야 明日遂行이면 淸士之風也이며 勘簿廉明하야

俾無後患이라 智士之行也니라
비 무 후 환 지 사 지 행 야

해설 평소에 문서를 정리하여 그 이튿날 홀연히 떠나는 것은 맑은 선비의 풍도다. 장부를 청렴하고 명백하게 마감하여 뒷걱정이 없게 하는 것이 지혜 있는 선비의 행실이다.

㈜ 감부 : 장부를 마감함.

父老相送하야 飮餞于郊하며 如嬰失母하야 情見于辭라면 亦
부 로 상 송 음 전 우 교 여 영 실 모 정 견 우 사 역

人世至榮也니라
인 세 지 영 야

해설 고을의 부로들이 교외까지 나와서 술을 마시며 전송하기를 갓난아이가 어미를 잃은 것 같은 정이 언사에 드러난다면 인간 세상에서 더할 수 없는 영광이 될 것이다.

㈜ 부로 : 나이 많은 사람들.
음전우교 : 교외에서 술을 마시며 작별하는 것.

歸路遘頑하고 受其叱罵하야 惡聲遠播면 此人世之至辱
귀 로 구 완 수 기 질 매 악 성 원 파 차 인 세 지 지 욕

이니
라

해설 해관하고 돌아가는 길에 완악한 무리를 만나 꾸짖음과 욕을 당하며 악하다는 소문이 멀리 퍼진다면 인간 세상에서 더할 수 없는 치욕이다.

즉, 재임시 정사를 소홀하고 백성을 학대한 목민관은 반드시 그 대가를 받게 되니 이는 목민관된 자로서 불행이며 슬픈 일이라는 뜻이다.

清士歸裝은 脫然瀟灑하야 弊車羸馬에 其清飈襲人이라

해설: 청렴한 선비의 퇴임 행장은 초연히 깨끗하여 낡은 수레에 여윈 말일지언정 맑은 바람이 사람을 엄습한다.

즉, 벼슬을 내놓고 돌아갈 때 많은 재산을 싣고 가면 세인들의 비웃음과 원망을 사지만, 그 행색이 초라하여 재임시의 청렴함이 드러나면 백성들이 존경한다는 뜻이다.

図 청표 : 맑은 회리바람.

笥籠은 無新造之器하고 無珠帛土産之物이면 清士之裝也라

해설: 상자와 농에 새로 만든 그릇이 없고 주옥과 비단과 그 고을의 토산물이 없다면 청렴한 선비의 행장이라 할 수 있다.

若夫投淵擲火하야 暴殄天物하야 以自鳴其廉潔者는 斯又不合於天理也라

해설　못에 던지고 불에 던져 하늘이 낸 물건을 천대하고 없애 버려서 스스로 청렴함을 드러내는 자는 이 또한 이치에 맞지 않는다.

주　폭진：천대하고 없애 버림.
천물：하늘이 낸 물건.

歸而無物하고 淸素如昔이 上也요 設爲方便하야 以瞻宗族이 次也니라

해설　집에 돌아온 후에도 새로운 물건이 없고 청빈함이 옛날과 같다면 상등이요, 방편을 써서 종족들을 넉넉하게 했다면 그 다음이다.

원류(願留)

惜去之切하야 遮道願留하며 流輝史冊하야 以照後世는 非 聲貌之所能爲也라

해설　떠남이 못내 아쉬워 길을 막고 더 머무르기를 원하며 그 빛을 사책에 남김으로써 후세를 밝히는 것은 소리나 겉모양만으로 능히 되는 바가 아니다.

奔赴闕下하야 乞其借留어든 因而許之하야 以順民情이니 此

187

古勸善之大柄也라
고권선지대병야

해설 대궐 아래로 달려가서 유임시켜 주기를 빌면 그 뜻을 조중하여 허락함으로써 민정에 순응하는 것은 예전에 착한 일을 권장하는 큰 권병이다.

즉, 어진 목민관이 선정을 베풀어 비록 임기가 끝났더라도 백성들이 글을 올려 유임을 청하면 그 뜻이 조정과 임금의 마음을 움직인다는 뜻이다.

註
차류…빌어서 유임시킴.
대궐하…대궐로 달려감.
대병…큰 방법.

聲名所達에 或隣郡乞借하고 或二邑相爭이면 此賢牧之
성명소달 혹린군걸차 혹이읍상쟁 차현목지
光價也니라
광가야

해설 수령의 명성이 널리 미쳐서 혹은 이웃 고을에서 그를 수령으로 임명해 주기를 빌고 혹은 두 고을이 서로 다투는 일이 생기면 이것은 어진 목민관의 빛나는 가치다.

즉, 목민관이 선정을 베풀어 그 명성이 멀리 퍼지는 것도 관리된 자의 영광인데 백성들이 서로 다투어 자기 고을의 수령으로 받들려 하는 것은 목민관의 빛나는 치적을 나타내 준다는 뜻이다.

或久任以相安하고 或旣老勉留하야 唯民是循하며 不爲法
혹구임이상안 혹기로면류 유민시순 불위법
拘도 治世之事也니라
구 치세지사야

해설 혹은 오랫동안 재임하여 서로 편안케 하였거나 혹은 이미 늙었어도 애써 유임하게 하여、 오직 백성의 소원을 좇고 법에 구애되지 않는 것도 잘 다스려진 세상의 정사다。 즉、 수령의 연한으로는 64세이고 당상관은 67세로 규정되어 있으나 백성들에게 신망 있는 목민관이라면 백성들의 뜻을 따라 유임도 가능하다는 뜻이다。

因民愛慕하야 以其聲績으로 得再莅斯邦도 亦史冊之光 也니라

해설 백성들이 사랑하고 사모하여 그 명성과 공적으로 다시 그 고을에 재임함은 또한 사책에 빛나는 일이 될 것이다.

図 성적 : 명성과 행적。
재이사방 : 그 고을에 재임함。

其遭喪而歸者가 猶有因民不舍어든 或起復而還任하고 或喪畢而復除니라

해설 친상을 당하여 돌아간 자를 오히려 백성들이 놓지 않으므로 혹 기복해서 임지로 돌아온 자도 있고 혹 상을 마치고 다시 임명된 자도 있다。

図 기복 : 부모의 상중임에도 불구하고 벼슬길에 나오게 함。

陰與吏謀하야 誘動奸民하야 使之詣闕而乞留者는 欺君

罔上이니 闕罪甚大라하니
(망상) (궐죄심대)

해설 아전과 더불어 꾀하여 간사한 백성을 유혹해 움직여서 궐하에 나아가 유임을 빌게 만든 자는 임금을 속이고, 상관을 속인 것이니 그 죄가 매우 크다. 즉, 목민관 중에는 아전들과 공모하고 촌노들을 술과 음식으로 회유하여 재임을 청하게 하는 경우가 있는데 그 죄가 매우 크다는 뜻이다.

걸유(乞宥)

文法所坐에 黎民哀之하야 相率籲天하며 冀宥其罪者는 前古之善俗也니라
(문법소좌) (여민애지) (상솔유천) (기유기죄자) (전고지선속야)

해설 법률에 저촉된 자를 백성들이 슬프게 여겨 서로 이끌고 가서 임금께 호소하여 그 죄를 용서해 주기를 바람은 전고의 아름다운 풍속이다. 즉, 목민관이 비록 죄가 있더라도 백성들이 사랑하고 떠받들며 그 호소가 거짓이 없으면 용서하여 백성의 뜻에 따르는 것도 아름다운 일이라는 뜻이다.
囹 걸유 : 용서를 비는 것.
전고 : 오랜 옛날.

은졸(隱卒)

在官身沒하야 而淸芬益烈하며 吏民哀悼하며 攀輀號咷하야

旣久而不能忘者는 賢牧之有終也니라

해설 임소에서 몸이 죽어 맑은 향기가 더욱 강렬하며 아전과 백성들이 슬퍼하여 상여를 붙잡고 호곡하며 오래도록 잊지 못한다면 어진 목민관의 유종의 미가 될 것이다.

图 은졸…세상을 떠남

반이…상여를 붙잡음.

寢疾旣病이면 宜卽遷居하야 不可考終于政堂하야 以爲人

厭惡니라

해설 오랜 병으로 누워 있게 되면 마땅히 곧 거처를 옮겨야 하며 정당에서 운영하여 다른 사람의 싫어하는 바가 되어서는 안 된다.

즉, 정당은 공무를 보는 장소이므로 정당에서 운명한다면 뒷사람이 꺼리게 된다. 스스로 병세를 헤아려 거처를 옮기도록 해야 한다는 뜻이다.

喪需之米는 旣有公賜하니 民賻之錢을 何必再受리오 遺

令可矣니라

해설 상사에 소용되는 쌀은 이미 나라에서 주는 것이 있으니 백성이 부의하는 돈을 또 받아서 무엇하랴. 유언으로 명령하는 것이 옳은 일이다.

旣沒而死하야 廟而祠之면 則其遺愛를 可知矣라

해설 이미 죽은 뒤에 사당을 세워 제사를 지낸다면 그 남긴 사랑을 가히 알 수 있다.

生而祠之는 非禮也니 愚民爲之하야 相沿而爲俗也라

해설 살아 있을 때 사당을 짓는 것은 예가 아니다. 어리석은 백성들이 이를 행하여 서로 본받아 한 풍속이 되었다.

즉, 생사당은 원래 백성들이 선정을 베푼 수령의 공덕을 기리기 위해 세웠으나 점차 교활한 아전과 백성들이 수령에게 아첨하는 수단으로 전락했으므로 이를 경계해야 한다는 뜻이다.

图 상연이위속∷서로 본받아 풍속이 됨.

刻石頌德하야 以示悠遠이면 即所謂善政碑也니 内省不

恥 斯爲難矣라

해설 덕을 칭송하여 돌에 새겨 영구히 전해 보이는 것을 선정비라고 한다. 마음속으로 반성하여 부끄럽지 않기가 어렵다.

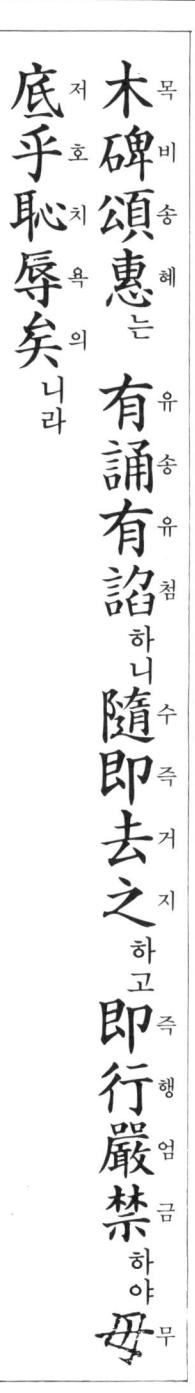

木碑頌惠는 有誦有詔하니 隨即去之하고 即行嚴禁하야 母
底乎恥辱矣니라

해설 나무비를 세워 은혜를, 칭송함을 비난하는 사람도 있고 아첨하는 사람도 있다. 세우는 대로 곧 없애고 엄금하여 치욕에 이르지 말도록 한다.

즉, 비록 나무로 선정비를 세우더라도 백성들에게 폐를 끼치게 된다. 만민이 기뻐하더라도 그 중에 원망하는 자가 있을 것이니 세워서 욕을 먹을 바에야 세우지 않음만 못하다는 뜻이다.

図 수즉거지 : 곧 치워 버림.

既去而思하야 樹木猶爲人愛惜者는 甘棠之遺也니라

해설 이미 수령이 떠난 뒤에 백성들이 그를 사모하여 수목도 오히려 사람의 사랑하고 아끼는 바가 되는 것을 감당의 유풍이다.

즉, 어진 목민관이 비록 세상을 떠났어도 백성들은 그의 뜻을 기리어 평소에 그이 손길이 닿은 수목을 그를 대하듯이 극진히 보살핀다는 뜻이다.

愛之不諼하야 爰取侯姓하야 以名其子者는 所謂民情이
大可見也라

해설 그리운 마음을 잊지 못하여 목민관의 성을 따서 자기 아들의 이름으로 한 것은 이른바 민정을 크게 볼 수 있는 것이다.

이미 간 지가 오랜데 다시 그 고을을 지나갈 때 옛 백성들이 반갑게 맞아 주고 술병과 술안주가 앞에

旣去之久에 再過玆邦이면 遺黎歡迎하야 壺簞滿前이면 亦
僕御有光이니라

해설 이미 간 지가 오랜데 다시 그 고을을 지나갈 때 옛 백성들이 반갑게 맞아 주고 술병과 술안주가 앞에 가득하면 하인들까지도 빛이 날 것이다.
즉, 어진 목민관이 그 고을을 떠났더라도 그가 남긴 자취는 남는 법이다. 다시 그 고을을 찾았을 때는 백성들이 환대하여 시중드는 하인까지 즐겁다는 뜻이다.

뜻 유려 : 남은 백성들.
호단 : 물을 담는 병과 밥 담는 대소쿠리, 즉 물과 음식을 말함.
복어 : 말시중꾼.

興人之誦이 久而不已면 其爲政을 可知已라

해설 사람들의 칭송소리가 오래도록 그치지 않는다면 그가 다스린 솜씨를 짐작할 수 있다.
뜻 여인 : 많은 사람.

居無赫譽하고 去而後思는 其唯不伐而陰善乎인데

해설 있을 때에는 혁혁한 명예가 없고 떠나간 뒤에 백성들이 사모하는 것은 오직 공을 자랑하지 않고 남모르게 선정을 했기 때문이다.

仁人所適에 從者如市하며 歸而有隨면 德之驗也니라

해설 어진 사람이 가는 곳에는 따르는 사람이 저자를 이루고 돌아갈 때에도 따라 나서는 자가 있는 것은 덕의 징험이다.

주 소적…가는 곳.
유수…따르는 사람들이 있음.

若夫毀譽之眞과 善惡之判은 必待君子之言하야 以爲 公案이라

해설 무릇 헐뜯음과 칭찬함의 진실과 선과 악의 판단 같은 것은 반드시 군자의 말을 기다려서 공안으로 정해야 한다.

주 공안:공론에 의거하여 결정한 안건.

* 각종 인사법 *

1. 상문 인사

부모상
문/대고를 당하시어 얼마나 망극하십니까?

답/망극하기 한이 없읍니다.

문/졸연히 상사를 당하시니 얼마나 망극하십니까?

답/시탕 한번 못 드려 더욱 망극합니다.

형제상
문/참척을 보시니 얼마나 비감하십니까?

답/가운이 불길하여 이런 꼴을 당하니 비참할 따름입니다.

대소상
문/대상(혹은 소상)을 당하시어 얼마나 망극하십니까?

답/망극할 따름입니다.

자녀상
문/참척을 보시니 얼마나 비참하십니까?

답/비참할 따름입니다.

문/중씨(혹은 계씨)상을 당하시니 오죽 비감하십니까?

답/부모전에 득죄한 것이 죄송합니다.

처 상
문/상사 드릴 말씀이 없읍니다.

답/상봉 하솔에 드릴 말씀이 없읍니다.

문/얼마나 섭섭하십니까?

답/신세 한탄 간절합니다.

남편상
문/상사 여쭐 말씀이 없읍니다.

답/꿈결인가 합니다.

문/천붕 지통이 오죽하십니까?

답/저의 박복한 탓으로 아까운 장부가 요수한 것이 한입니다.

2. 문병 인사

부모 문병
문/친환이 계시다니, 얼마나 근심이 되십니까?

시탕 중이시라니, 근일은 어떠하십니까?

답/근일은 좀 차도가 있읍니다.

부인 문병
문/내환이 계시다니, 좀 어떠십니까?

답/내고가 있고 보니 집안이 말이 아닙니다.

자녀 문병
문/아환이 계시다니 얼마나 걱정이 되십니까?

답/요즘은 좀 차도가 있어, 잘 놀고 있읍니다.

어른 문병
문/요즘은 환후가 어떠십니까?

답/천골이 편할 날이 없읍니다.

3. 수연 축하 인사

회갑 노인에게
문/헌수 잘 받으시고 기운 안녕하십니까?

답/공무에 바쁘신데, 이렇게 와 주셔서 감사합니다.

가족에게
문/헌수 편안히 하시고 얼마나 기쁘십니까?

답/원로에 이렇게 왕림해 주시니 대단히 감사합니다.

4. 결혼 축하 인사

아들 결혼에
문/자부를 잘 보서서 무척 경사스러우시겠읍니다.

답/감사합니다. 여러분의 덕택으로 생각합니다.

딸 결혼에
문/신랑을 잘 보시어 얼마나 기쁘십니까?

답/딸보다 신랑이 과한 듯합니다.

5. 득남 득녀 인사

문/그새 득남하셨다니(따님 보셨다니) 경사스러우시겠읍니다.

산모께서 건강하시고 아기도 건강한지요?

답/감사합니다. 덕택으로 산모도 건강하고 아기도 별 탈 없읍니다.

國家安危勞心焦思

庚戌三月 於旅順獄中 大韓國人 安重根

국가의 안위를 걱정하고 애태운다.

爲國獻身軍人本分

庚戌三月 於旅順獄中 大韓國人 安重根 謹拜

나라 위해 몸 바침은 군인의 본분이다.

人無遠慮難成大業

庚戌三月 於旅順獄中 大韓國人 安重根

사람이 멀리 생각지 못하면 큰 일을 이루기 어려우니라.

見利思義見危授命

庚戌三月 於旅順獄中 大韓國人 安重根 書

이로움을 보거든 정의를 생각하고 위태로움을 보거든 목숨을 주라.

一日不讀書口中生荊棘

庚戌三月 於旅順獄中 大韓國人 安重根 書

하루라도 글을 읽지 않으면 입 안에 가시가 돋힌다.

黃金百萬兩不如一敎子

庚戌三月 於旅順獄中 大韓國人 安重根 書

황금 백만 량도 자식 하나 가르침만 같지 못하다.

雲谷靜人 晴雲 俞 憲 善

◇ 忠南 靑陽 赤谷 九龍里 出生
• 幼時以後 先三代祖考下와 晩浦先生(大小楷書) 孤翁先生(四書,周易)
  無涯先生(退溪,牛溪,栗谷學) 南天,慧雲先生(禪易,行書) 愚浦先生
  (한글宮體) 等 大學者와 禪師들의 訓導로 漢學과 書道 天文易算과
  碑文及書銘分野에 略30餘年間 專門從事함.
• 大韓弘益會 中央監察委員兼 中央組織委員(1971)
• 政府部處 및 서울시行政用役(株)韓一技術課長(8年退社)(1985)
  (金華及金湖TUNNEL 및 永東6橋梁銘文外 碑刻多數)
• 韓國貿易振興公社 行書般若心經小屏常設展示(1986)
• 大韓佛教曹溪宗禪書畵陶藝展招待(1986)
• 韓國藝術文化87大祭展 書藝特選(1987)
• 88障碍者올림픽大會成功을爲한全國綜合藝術祭指導委員(1988)
• 學生新聞社 學生新報 諮問委員(1988)
• 韓國戰爭文學會 運營委員(1988)
• 第1回 全國學生綜合藝術祭 招待作家兼 指導委員(1988)
• 第2回 全國學生綜合藝術祭 諮問委員兼 審査委員(1988)
• 文公部登錄45號藝術文化團體 藝育會諮問委員兼 顧問(1989)
• 新民主共和黨 金鍾泌總裁 表彰狀受賞(085)(1989)
• 서울 大學校 總長 表彰狀受賞(11)(1989)
• 明知 大學校 總長 表彰狀受賞(204)(1989)
• 東洋天文易學綜合分析센타 運營
• 正統 漢學文硏究所 所長(연락처 645-7720번)
－ 著 書 －
•「孫子 사주병법」1권, 2권 出刊(世宗出版公社刊)(1988)
•「諸葛亮神書」1권, 2권 出刊(綠苑出版社刊)(1988)
•「불운의 예방」행운의 열쇠(李家出版社刊)(1988)
• 한글판 개편 책력 1989年度分(綠苑出版社刊)(1988)
• 가옥구조학「집구조와 운」(綠苑出版社刊)(1989)
• 五經正解(詩經,書經,春秋,禮記,周易) 近刊豫定
• 주역해설「운명병법」運勢大辭典(上下卷) 近刊豫定
• 한글판책력 1990年度分 (도서출판 恩光社刊)(1989)
• 추구집(推句集) 譯解(도서출판 恩光社刊)(1989)

－漢學文 監修書－ (恩光社 刊)
• 원본 韓石峰 千字文　• 원본 四字小學
• 원본 童蒙先習　　　• 원본 啓蒙篇
• 원본 牧民心書　　　• 원본 家禮百科
• 원본해설 孝經　　　• 원본 明心寶鑑
• 원본 論語・孟子　　• 원본 大學・中庸

版權所有

목민심서

1988년 2월 24일 초판 1쇄 발행
2011년 1월 15일 초판 12쇄 발행

편 자 • 이철한
발행자 • 김종진
발행처 • 은광사

등록날짜 : 1997. 1. 8
등록번호 : 제18-71호
서울 중랑구 망우동 503-11호

전화 763 · 1258/764 · 1258

정가 12,000원